高校教育改革与建设探索

郝　亮　周若涵　刘宏鑫◎著

線裝書局

图书在版编目（CIP）数据

高校教育改革与建设探索/郝亮，周若涵，刘宏鑫
著.--北京：线装书局，2023.9
ISBN 978-7-5120-5677-0

Ⅰ.①高… Ⅱ.①郝… ②周… ③刘… Ⅲ.①高等教
育－教育改革－研究－中国 Ⅳ.①G649.21

中国国家版本馆CIP数据核字(2023)第172147号

高校教育改革与建设探索
GAOXIAO JIAOYU GAIGE YU JIANSHE TANSUO

作　　者：郝　亮　周若涵　刘宏鑫
责任编辑：林　菲
出版发行：线 装 书 局
　　　　　地　址：北京市丰台区方庄日月天地大厦B座17层（100078）
　　　　　电　话：010-58077126（发行部）010-58076938（总编室）
　　　　　网　址：www.zgxzsj.com
经　　销：新华书店
印　　制：北京四海锦诚印刷技术有限公司
开　　本：787mm×1092mm　　1/16
印　　张：10.5
字　　数：201千字
版　　次：2023年9月第1版第1次印刷
定　　价：88.00元

线装书局官方微信

前　言

　　教育既是国家战略大计，又是民生发展的首要关切。强国必谋强教，强教支撑强国。高等教育发展水平是一个国家发展水平和发展潜力的重要标志，世界经济强国无不都是高等教育强国。改革开放以来，中国高等教育在国家教育优先发展战略指引下，沿着大改革、大发展和大提高、建强国的路子，不断探索，不断超越，在取得一个接一个历史性、阶段性重大进展，为国家经济社会发展和改善民生作出重大贡献的同时，又面临着前所未有的以改革发展新突破实现由大向强的巨大挑战和历史机缘。高等教育的发展与国家经济、政治、科技、文化、社会变革发展等有着千丝万缕的联系，要聆听时代的声音，回应社会的呼唤。

　　高校是我国教育教学活动开展的重要基地，是优秀社会人才培养的重要场所。本书主要研究高校教育改革与建设，本书从高校教育教学本质及其特征，教学方法与原则入手，针对高校教育教学的理念创新与高校教育教学的策略创新进行了分析研究，对"互联网+"背景下高校课堂的教学模式，教学模式改革实践，混合式教学模式与实践进行了简单的介绍，还对高校创新型人才培养模式，高校师资队伍建设与管理，高校行政管理机制与后勤管理机制的构建提出了一些建议。

　　本书参考了大量的相关文献资料，借鉴、引用了诸多专家、学者和教师的研究成果，其主要来源已在参考文献中列出，如有个别遗漏，恳请作者谅解并及时和我们联系。本书写作得到很多专家学者的支持和帮助，在此深表谢意。由于能力有限，时间仓促，虽经多次修改，仍难免有不妥与遗漏之处，恳请专家和读者指正。

目　录

第一章 高校教育教学理论

第一节 高校教育教学本质及其特征

高校教育教学是高校教育实现教育目的、培养专门人才、体现社会价值的各种具体活动表现方式之一，是高校教育最主要的组织活动。高校教育的其他活动都是围绕教学而展开、为教学服务的。任何教学活动都是一个历时性的过程，是一个目标差异大、参与要素多、各种影响复杂的教育实践体系。这个教育实践体系的各个构成要素经过多种形式组合、为实现各个目标而发挥作用，不同要素组合在不同环境下运行又使高校教育教学形式丰富多彩。

一、高校教育教学的作用与功能

高校教育教学作用与功能就是教学活动的基本目标与任务，它主要源于三个方面：教师的需求目标、学生的需求目标、社会的需求目标。以前，受高校教育教学活动的社会本位思想影响，一些国家特别是实施集权式管理的国家，其高校教育教学活动的作用与功能被"国家化"甚至"政党化"，教师就是国家对学生实施教育驯化的工具，而学生则是被教育驯化的对象。但在高校教育逐步发展、受教育人群日益扩大的形势下，社会本位的教学功能不断弱化，"以人为本"的教育思想越来越占重要地位。所以教学活动的目标必须同时考虑教学活动主体，即教师和学生的个人需求，教师通过教学传播知识，促进自我的进一步探究，同时引导学生获得专业技能的训练，从而获得满足感与成就感。学生通过对社会愿望、个人兴趣以及基本能力的综合考虑，主动接受高校教育、参与教学活动，以达到身心和智力的全面发展。社会对教学活动的需求可能是具体而分层次的，教师和学生对教学活动的需求可能是抽象而含糊的。对这种矛盾冲突的认识和化解有利于教学方法创新。

二、高校教育教学的主体与环境

高校教育教学的主体与环境是教学活动赖以开展的基本条件。教学主体就是有目的、有意识地进行教学实践活动和认识活动，并在教学活动中确立和体现主体地位的现实的人。这里的人包括三层含义：现实的人、动态发展的人、个体与群体相统一的人。因此，学生也是教学活动的主体之一。教学环境是相对于教学主体而言的，它包括教学活动中除主体之外的一切物质的、时空的、媒介的关系等方面，尽管环境在教学活动中处于从属地位，但对其实现教学目标有极其重要的影响。

三、高校教育教学的形式与内容

高校教育教学的形式与内容往往表现得最为具体、生动，既反映内容与形式的对应关系，也反映形式与环境的协调关系，还反映教学活动直接主体（教师与学生）与间接主体（教学管理者）协商一致管理的特征。单从教学活动形式来看，就是内容、环境、主体的统一，如课堂教学、课外练习、社会实践就是三者关系的不同组合结果。如果从教学活动主体的作为来看，则有讲授活动、听课活动、师生研讨活动等，每一种活动，各自主体地位的表现是不同的。高校教育教学内容是与教学目标紧密相连的，尽管目前我国高校教育教学的计划性正在减弱，但总体上依然比较强，也就是说从国家或社会本位出发对专门人才的知识、技能体系有一个制度设计和进程安排，教学内容按照这些制度和进程逐步展开。现在，我国开始注意发挥教师和学生的主动性，对教学内容的选择权有所放开，但与教师自主裁量教学内容和学生在完全学分制下自由选择教学内容还有相当距离，至少学生的职业规划与学校的学业指导工作短时间内难以跟上。

四、高校教育教学的特点与过程

高校教育教学的特点与过程是联系在一起的，教育与教学是一个循序渐进的过程，世界上没有任何一种瞬时性的教学活动，过程性本身就是教学活动的普遍特点，因此很多学者用"教学过程"代替"教学活动"，专注于研究高校教学过程而不刻意研究高校教育教学活动也是可以理解的，只是过程性特点不为高校教育教学所特有。所以，将两者混淆是不合理的，无论是对高校教育教学活动的瞬时考察还是从教学效果的分析，高校教育教学活动的特点都是十分明显的，具体有以下一些特点。

其一，专业性教学与综合性认知相结合。高校教育与基础教育的最大不同就在于知识的专业系统性，属于建立在基础教育之上的专业教育；教学目标和内容按照不同学科专业领域的知识体系进行设计，教学组织形式也分专业进行。同时，高校教育教学活动的综合性认知也十分明显：在专业性教学内容与教学情境中，学生的知识、能力、素质得到全面培育，即使是一门十分专业的课程，在课程设置、活动设计中，也安排有一定分量的基本素质和能力训练的内容和项目，教学活动对学生的影响是综合性的，对学生的培养是多方位的。其二，隐性教学与显性教学相结合。高校教育教学活动对人才培养的影响作用趋于多样化，传统课堂的直接影响、作业与练习的直观影响等属于显性活动部分，还有许多潜移默化的教学活动，比如学术报告会、参观学习、社会调查、教师对学生得体的表扬或批评等，这些看似不像规范的教学活动属于隐性教学活动，它的教育意义和对学生的影响绝不只是现场表现出来的结果，而要比现场深远得多、广泛得多。教育中的所谓"启发""养成"，其实就是对这种隐性教学活动功能的表述。其三，教学活动与科研活动相结合。科学研究活动是人类有意识地探究世界的实践活动，我们说高校教育教学活动是一种接近于人类认识世界实践活动的有效组织方式，本意就在于表明高校教育教学活动不是纯粹的知识传授活动，也不纯粹是师生交往与情境感悟活动，而是有目的地引导学生学会认知和探究世界的方法、训练基本的认知能力的活动。如果说本科生教学对这方面的要求只是初步的，那么研究生的教学则是典型的认识已知与探求未知的统一，就是教学活动与科研活动的统一，教师和学生在各自的教学活动任务中都可以实现认识已知与探索未知的结合。

五、高校教育教学的构成要素

高校教育教学是一个以动词为主的、内涵比较宽泛的偏正词组，它可以指由学校为实现人才培养目标所组织的任何行动。由于各校、各学科专业的人才培养目标、质量规格、层次要求不同，高校教育教学活动也表现出较大的差异性。但就每一个具体教学活动单元的结构来说，它们又有许多相似性，即都是由若干基本相同的要素所构成的开放性系统，不同教学情境就由这个系统要素的不同组合产生。

关于高校教育教学活动构成要素的研究，历来有不同的争论。有的从共时性角度而有的从历时性角度分析，有的从关系角度而有的从表象角度分析，有的从深层结构而有的从表层结构分析。不同的分析角度决定了不同的分析结果，以至于出现从"三要素说"（教师、学生、教材）到"七要素说"（学生、教学目的、教学内容、教学方法、教学环境、教学反馈、教师）的巨大差异。客观地看，这种差异是正常的，特别是更加精细的结构要素划分，只要在逻辑上没有包含或遗漏，精细的分析应该得到提倡。联系高校教育教学活动的几个特点，我们认为一个比较完整的具体教学活动应该由教学主体、教学目的、教学信息、教学媒介、教学组织、教学环境六个要素构成：①关于教学主体。以前往往以机械认识论为理论基础从施教与被教角度考虑，认为教育参与者包括作为教育者的教师和受教育者的学生两个方面，即教学主体是教师，教学对象是学生。这实际上忽视了高校教育教学的特殊性，因为隐性的教学效果、探究性的教学活动都依赖于学生主体性作用的发挥，所以教师与学生是高校教育教学活动的共同主体。②关于教学目的。这是任何教学活动的基本要素，只是不同目的有层次上的高低差别。即使是高校教育的教学活动，其目的也有层次之分，比如一个专业培养方案中的教学目的，一门课程的教学目的，一节课堂的教学目的，等等。就教学方法研究需要而言，这里的教育目的主要指一个课堂之类的教学活动的目的，其中有比较抽象的一般要求，也有比较具体的内容、技能目标。③关于教学信息。以前通常用教材以及教学内容来表示。但实际上，教学内容有一部分应该包含在教学目的之中，作为目标性任务加以明确。同时，教材是教学内容的传统载体，而鉴于现在高校教育可供使用的教学材料日益丰富，来源途径远多于教材，故教材在高校教育教学活动中的地位越来越微不足道。④关于教学媒介。教学媒介就是教学方法及实施方法的手段，由于现代教学技术在飞速发展，传统的方法归纳已经不能准确反映教学活动实际，很多现代教学设施、技术被应用到高校教育教学活动中，其究竟属于什么方法，尚未明确界定。因此，我们称其为教学媒介，既包含了传统意义上的教学方法，又包含了现代教学技术，它是传递教学知识、信息，增强教学信息刺激强度，提高教学影响效果的途径。⑤关于教学组织。没有组织就没有活动，就一个教学活动来讲，教学组织不可缺少。在什么样的时间和空间、由哪些教师和学生参与、参与人员的规模以及教师或者学生在教学时间内的教学秩序维护等，都是教学组织的内容。还有教学评价，但它属于教学过程与质量管理范畴，不属于一个教学活动的内容。⑥关于教学环境。高校教育教学环境对教学活动的影响越来越大，根据教学活动的需要，不断对教学环境进行必要的调节和控制，有利于教学活动的顺利进行。经过选择、净化、提炼和加工处理的教学环境有利于教学主体实现追求真理、掌握知识、发展身心等目标。

六、高校教育教学模式

（一）"集中式学习"的教学模式

相对来说，集中式学习是一种较为传统的教学模式。集中式学习是以教师为中心，即由教师根据教学计划中统一规定的课程内容和教学时数，把学生集中到一起按照学校的课程表进行分科教学的一种组织形式。该教学模式强调教师的主导作用。当教学规模不是很大时，集中式学习这种组织形式相对来说是比较经济、有效的。

在这种组织形式下，教师的主导作用易于发挥，便于教师组织、监控整个教学活动的进程，这是其一；其二是有利于教学管理，使教学有目的、有计划、有组织地进行；其三是有利于自然学科的学习，自然学科中许多内容需要进行演示、分解和剖析，有些内容需要学生亲自去感触等；其四是有利于学生之间以及师生之间的情感交流，充分体现情感因素在学习过程中的重要作用。尽管集中式学习有上述优点，但它在高校教育教学活动中存在的弊端又是十分明显的，首先，这种教学模式无法解决学生参加学习时存在的工作与学习的矛盾、家庭与学习的矛盾以及分散居住与集中学习的矛盾；其次，它忽视了成人学生不同于其他学生在学习活动中的自主性和独特性；再次，集中式学习方式过分强调标准化、同步化、模式化，整齐划一是这种学习方式的目标追求，对成人学生知识的扩展会产生不利的影响；最后，针对学生在学习过程中凸显的矛盾和问题，要真正保证教学效果、提高教学质量，就必须对现有的单一教学模式进行改革。

（二）"分布式学习"的教学模式

随着经济形势和信息技术的不断发展，社会总体人力资源的需求形势也发生了巨大变化，对各类高素质、高学历的专业技术人员的需求提高到了一个新的层次，对高校教育提出了更高的要求，并使传统的教学模式受到了极大的挑战。

新的信息技术在教学活动中的应用，计算机网络的发展能够使教学内容得到有效的远距离传递，学生可以不必像以往那样，全体集中到一个地点，由教师面对面地传授知识。电子邮件可以支持学生之间、师生之间的交流与合作，解决学习中的问题，开展各种讨论，教学模式不再单一，因此，"分布式学习"的教学模式便应运而生，并迅速以自上而下的政策推广形式，借助国家高校教育政策手段投入各地办学实践。"分布式学习"是远程教育的建构主义，采用建构主义的学习环境的设计思想，将传统的以教师为中心改变为以学习者为主体，着重于为学习者提供丰富的资源建立自己的认识和理解。我们将这种新的远程教育形式称为分布式学习。

目前对"分布式学习"的教学模式的理解有几种观点：在美国及很多国家的学者认为"分布式学习"和远程教育是一样的，指的是各种不同于面对面教学的教育；还有的认为，"分布式学习"是指开放和远程教育在传输课程时逐渐向使用新信息技术的转变；另有观点认为，"分布式学习"可作为人机交互工作的一个整体。尽管对"分布式学习"有各种不同的描述，但"分布式学习"实际是一种教学模式，它强调的是"分布"，强调为学习者提供灵活的、突破时空限制的教育，适应社会经济发展以及对人才的需求。"分布式学习"教学模式的出现，使面对面教育和开放远程教育之间的边界逐渐消失而趋于融合；加强了以学习者为中心，更有效地促进学习者的学习；使我们认识到要根据时空分布方式的变化调整学习和教学策略；"分布式学习"强调的是学习环境，学习者分处在不同环境中，有着共同的任务，在"分布式学习"环境中共同合作完成学习任务，学习是不同环境的分布，不一定受限于正式的机构设置。

随着教育的全球化"分布式学习"环境也要具有国际化思维，适应来自不同文化背景的学习者。可以说"分布式学习"是未来学习方式发展的一个新趋势。

也有人认为"分布式学习"模式可以结合传统课堂教学应用，结合远程教学应用或可用于创建有效的教学课堂。学生可能是身处远方，参加远程教育，也可能是集中式学习中的一员，但他们在索取资源，汲取知识时，所利用的资源不仅局限于教师或者某个机构，而是充分利用现代信息技术，利用分布在各个不同地方的资源，使学习资源远比以往的单纯的传统课堂授课方式要丰富得多，所以"分布式学习"强调的是资源的非集中化。另外，"分布式学习"的教学模式除了可以使学习者获得丰富的资源外，还可以是传统课堂授课方式的补充和灵活运用，如可通过电子邮件交作业、答疑，通过网络与教师、学生甚至专家进行交流和讨论，等等。这一教学模式在成人教育教学活动中的优势十分明显，首先它解决了成人学生在学习中存在的工作与学习、家庭与学习、分散居住与集中学习的诸多矛盾，其次丰富了学习资源，学生获取知识的渠道更加宽广，教与学的方式变得更加灵活，学生学习的自主性也得到了加强，对于学生的发现性学习和研究性学习能力的培养也起到了很好的促进作用。

第二节　高校教育教学方法与原则

一、高校教育教学方法概述

在已有研究成果中，对于高校教育教学方法的分析和认识有本质揭示型的，也有特征或过程描述型的，对于高校教育教学方法研究的风向转向了"模式"路径。无论是本质揭示还是特征或过程描述，都存在一个致命缺陷：教师本位思想。这样，几乎所有关于高校教育教学方法的本质定义和特征归纳，都陷入以教师为主导的"二元论"泥沼，从教师角度研究教授方法，从学生角度研究学习方法。教授方法加学习方法就构成教学方法。这种逻辑思路所分析得出的结果自然离高校教学活动真实情景距离较远，教师的教授方法可以在没有学生参与的环境下进行，学生的学习方法更无须教师的直接参与。这两种可以游离的方法不是简单相加就可以组合成新的方法。因此，对传统教学方法的研究成果提出了批评。但批评与建构是事物发展的两个不同阶段，但在建构尚无突破、也未引起足够重视的情况下，高校教育教学方法的研究却转向了"教学模式"研究，随着教学模式研究的兴起，教学方法研究则式微。

其实，教学模式研究代替不了教学方法研究，或者仅仅是教学方法研究特殊阶段的一个尝试。很多教学模式研究成果显示，它属于教学方法研究范畴，教学模式是多种教学方法的综合。至于说教学模式是稳定的、典型的教学程序或策略或样式，这种表述也背离了高校教育教学活动的本质，与高校教育教学活动特征不相容。因为高校教育的教学活动，尤其是教学方法，不存在可以照搬、套用的"方法组合"，试图设计或概括出一种模式加以推广也不符合高校教师、学生、学科专业、学校类型等差别化的实际。高校教育教学，它的本质是一种整体性的有机"活动场域"，教学方法就是维系这种活动场域的或隐性或显性的"脉络"，即在教师的教授活动领域与学生的学习活动领域的交叉重叠部分发生的信息传达、消化、反馈的思维、路径、手段以及氛围环境等。在这个交叉重叠区域之外的教授方法、学习方法或者管理方法，他们虽然对教学活动、人才培养有重要影响，但不是严格意义上的教学方法。

在高校教育教学活动场域中，关于方法问题还不只教学方法一端，还有管理与教师活动交集场域的方法问题、管理与学生活动交集的方法问题。但教师和学生活动交集又与管理活动有一小块交集，问题的核心就在于此：教学方法的掌控权限。假如教师、学生、管理者在整个教学活动中的作用是均衡的，而且教学方法的选择与使用也是深度融合的，则三者对教学方法掌控权的共同认可范围大约是各自三分之一的"他控"组合区域，各自的三分之二都是自我控制的。也就是说，在教学方法的控制问题上，管理者、教师和学生都不可用全部的单方面意愿来衡量整体和他方的教学方法，真正可以达到三方共控的，是小于各自三分之一的共同空间。教学方法的自由是"教学自由"的实践根源。

二、高校教育教学方法的特点

认识教学方法的特点是认识高校教育教学方法的理性提升。仅从明确提出高校教育教学方法特点和分类来看，几乎都是循着"探寻模式"和"分析过程"两种思路在进行。高等教育研究的著名专家薛天祥提出的课堂教学方法、自学与自学指导方法、现场教学方法、科研训练方法的"四分说"，我国学者陆兴教授提出的组织和实施学习认识活动方法、刺激和形成学习认识动机方法、效果检查和自我检查方法的"三分说"。我们通过分析大量教学成果奖获奖材料以及"教学名师"的实践经验发现，对于高校教育教学方法特点和分类的认识要首先回归教学活动本身。教学方法必须是在教学活动中充当"脉络"功能的东西，教学活动之外的、教学活动之中但不能充当活动"脉络"的，都不能归于高校教育教学方法考察范围。

在整个高校教育教学活动中，一切活动都是围绕"提高教学水平和教育质量、实现培养目标"这个中心的，而且任何活动都具有其方法、途径、手段。在专门人才培养过程中，课程是最基本的知识与能力体现单元，也是高校教育活动中学科与专业相互转化和结合的最小载体。学科是一个按照学术发展逻辑不断丰富起来的系统化的知识体系，专业是教育活动按照社会对专门人才要求所设计的一个相关学科知识体系群，开展这种学科知识体系群的知识传授和能力训练就是专业教育。可以说，专业是按照社会发展的逻辑变化的。课程是学科知识体系的分化单元，也是高校教育实施专业人才培养的最小的完整的知识与能力结构单元。高校教育的复杂性就体现在从课程这个知识逻辑体系到转化为接受教育的学生所获得知识与能力的微观过程之中，这就是教学活动。因此，研究高校教育教学方法必须把课程作为基点，超出课程范围的东西，如人才培养方案、教材建设与教学活动关联不大。确定了教学方法的基本范畴，尚需进一步对教学方法的内在特点和结构进行细化。

高校教育教学方法特点的研究近来比较沉寂。早前"二性论"（专业指向性、学术研究方法接近性），"五个培养论"（学生的自学能力培养、研究能力培养、实践能力培养、合作精神培养、创新精神培养），"七方式论"等，几乎都是对教学方法的实现功能考察得出的结论，到了"三性论"（学生主体性、探索性、学科专业性），关于高校教育教学方法特点的研究才逐步回归到高校教育教学方法本身。

循着这种思路，在全面考察高校教育教学方法涉及的各个方面之后，我们认为比较集中的、显然区别于其他层次教学方法或者高校教育教学活动中其他范畴的特点主要有：

第一是可感性。可感性与抽象性、不可感知相对。教学方法虽然具有工具性，但一味强调甚至放大它的工具性是不利于创新的，所以要把它看作是维系教学活动场域的"脉络"，尽管"脉络"不都是可见的，但必须是活灵活现的。教学活动到了面对面的"方法"程度，感性色彩非常浓厚，不仅要使参与者都能够感知"方法"的存在，而且还要富有效果。可感性是对教学方法的具体化概括，无论是语言、工具、形象、仪态甚至思路、能量等，都能够让人感触、感知、感觉到。这就可以避免原来那种"方法是对知识进行加工并呈现出来"说法的片面性。可感性越强，可接受程度越高。

第二是内隐性。内隐与外显、直白相对，近似于含蓄。教学方法的最终目的是教育学生，而无论从理论上分析还是从教学实践经验总结，对于不同的人，或者对同一人的不同时段和处境，教化的方法是截然不同的，这就需要教学方法具有内隐性，不全是直白的指点、训斥。同时，一切社会认知都具有内隐性，根据学习心理学的研究，学习者对于社会性信息感知的内隐性要强于对非社会性信息的感知。这好比大厦结构中的钢筋和水泥，内隐性是"钢筋"，外显性是"水泥"，它们共同构成认知建构的基本结构。高校教育教学活动，虽然是专业性教育，但更多的是社会认知性学习，因此，内隐性是教学方法的普遍特点。

第三是双重性。双重性就是事务的两种相对独立甚至对立的特性集于一体。很多事务具有双重性，高校教育教学活动的双重性尤为突出，在教学方法层面，教师和学生的主体双重性、教师和学生参与教学活动动机的双重性、目标的双重性、价值标准的双重性等都集中在一起，交锋交汇。具体而言，突出表现在教学内容、方式方法、手段，甚至是目标与结果等教育内部体现上。这些关系有的是从属的、有的是背离的、有的是不确定竞争性的，还有的是客观性与主观性并存。总之，忽视高校教育教学方法的双重性，教学方法就会走向死胡同。

第四是微观性。微观是个相对概念，社会科学中，通常把从大的、整体方面去研究和把握的科学称作宏观科学，从小的、局部方面去研究和把握的科学称作微观科学。在高校教育教学活动体系中，教学方法显然不属于宏观层面的概念或范畴，微观性是教学方法的实际处境，只有认识到这一点，才能准确分析教学方法的各种内在问题。任何提升或夸大教学方法层级的认识、企图都会把教学方法研究引向歧途。

第五是复杂性。复杂性是一门认识论、方法论科学，它是对"还原论"的批判和超越、对"整体论"的追求，或者说是既重视分析也重视综合、既关注局部也关注整体的系统科学的新发展。事物的复杂性是指在环境、条件发生变化时，不同行为模式之间的转换能力及其表现比较弱，某些新增条件似乎消解了一些元素。因此，要用非线性关系去把握局部与整体的变化。认识事物的复杂性，必须把握复杂性事物内在的非线性、不确定性、自组织性和涌现性。高校教学活动，完全符合复杂科学的这些特征，因此，教学方法相应地具有复杂性特点。

第六是丰富性。感性活动的基本特点就是无限的丰富性，教学活动尤其是教学方法方式，既是有组织的合理性和合规则的建制活动，更是一种师生互动的感性活动。一名教师教授同样的课程，两次的教学感受以及教学方法可能是完全不同的，学生的学习感受也是如此。教学方法的丰富性实际就是教学方法的感性、复杂性以及双重性等特点的衍生结果。因此，期望用教学模式来"类化"教学方法的研究路径是违背教学方法规律和忽视教学方法特点的。

三、高校教育教学方法的分类

我们高校教育教学方法的基本特点，对于高校教育教学方法分类这种表征性的概括就比较容易。高校教育教学方法的分类要从"种属"和"类别"两个方面分析，即按照种和类两个维度进行分解：第一个维度是"类"的角度，可以分为①教学方法总论；②理论课程教学；③实践课程教学；④学习方法。第二个维度是具体的方式与途径，即"种"的角度，可以分为：①课程教学内容与体系创新；②教学方式方法创新；③教学手段与技术创新；④教学艺术与技巧创新；⑤教学方法模式创新与综合创新；⑥教学效果与质量检验方式创新；⑦教学组织方式方法创新；⑧教学方法创新理念与策略。建立这样一个二维方法结构表，基本可以反映高校教育教学方法的全貌，高校教育教学方法的所有特性也能够在其中找到相应的载体。高校教育教学方法研究就是要从高校教育教学活动的整体系统入手，深刻分析教学方法的特点，认识教学方法的规律，并在教学实践中有效运用教学方法。在进行高校教育教学方法研究时，有三个基本着眼点不能忽视。课程：教学方法研究的逻辑起点。教学方法研究从何入手，不同的路径产生不同的结论，比如以教学工具为基点，就会使教学方法研究偏重于实现教学的手段；以教师主体为基点，就会使教学方法研究走向"教师中心"的单边主义。教学方法研究的适用基点可以有很多种选择。我们所理解的教学方法应该以教学内容为出发点，因为教学方法所承载的主要功能就是知识的传递、接收、转化与学生修养、思维、能力的训练。没有教学内容，教学方法就无从谈起。但是，教学内容是一个复杂的体系，大到学科专业的系统化知识体系，小到一个基本概念和定律、规律性常数等，针对不同的教学内容可能会出现不同层次的教学方法。为此，教学方法研究必须核定一个教学内容层级，"课程"是我们确立的教学内容逻辑起点。

课程在发展演变中，曾被赋予过多种多样的含义，富有代表性的课程定义有以下几种：学习方案、学程内容、有计划的学习经验等。一般认为，课程就是系统的教学内容，是一系列教学科目的集合。具体而言，课程包括"教学计划""教学大纲"和"教科书"所规定和表述的内容。无论课程的定义表述如何，这里作为教学方法研究逻辑起点的课程特指高校教育课程。高校教育课程不同于基础教育课程，它具有自己的基本范畴和过程性特点。基本范畴就是高校教育课程一个系统性概念，最基本的是为达到某个教育目的而组织的一个单纯性教学内容。推而广之，还有教学科目、学科。过程性特点是高校教育课程的显著标志，无论哪个层次的"课程"都是为实现一定的教育目标而组织的教学内容，而且这些教学内容必须进入教学环节，参与教学活动。尽管从哲学、心理学、社会学以及交往论等不同视角对课程的过程性认识会有不同阐述，但"知识体系""教学资源""教育目的载体""组织模式"这几个核心概念是其灵魂所在。从起源讲，课程就是"课业进程"。

教学方法是以某一门具体教学科目为基础的教学交往活动要素，不仅在孤立的一次教学组织活动或者在学科专业层面的全程教育活动中。在当前课程创新意义上，可以适当延伸到课程组群的教学活动，比如专业基础课程、专业课程或者理论性课程、实践性课程，还有从表现形态划分的显性课程、隐性课程等。因此，以课程为逻辑起点的教学方法研究，必然是丰富多彩的。

目标：教学方法研究的基本考量。这里的目标不全是高校教育人才培养规格目标，而是指具体课程的教学目标，但它又是整个高校教育人才培养目标的一个组成部分。这个课程教学目标既是课程体系的目标，同时又是教学活动的实现目标。按照课程论的观点，高校教育课程设计具有基础性、实践性和国际性的发展倾向，那么，具体的单门课程目标，既有与其他相关课程目标的分野又有相互的衔接，即使整体人才目标的组成部分也各具自身的独特性。而要达到这个目标，则是教学环节即教学方法所必须回答的教学目标。一般来说，将课程的知识结构体系传达给学生不是难事，但这不一定需要教师的参与，更无须教师设计教学方法。课程目标的重要任务是以知识体系为载体，通过教学活动达到训练学生能力、提高学生认知水平，并在一定程度上转化学生情感的效果。

因此，研究和分析高校教育教学方法，必须把实现课程以及教学目标作为考量依据，尽管课程与教学目标也是教学评价的重要依据，但如果在教学活动的方法选择上游离教学目标，那么在没有做到"教考分离"以及学生对教学评价主导地位难以落实的情况下，课程教学考核依然会在教师或管理者的单边主义主宰下进行，不能反映某门课程的目标是否实现。这也是长期以来，高校教育教学活动中教师教书本、学生学书本、考试考书本，最后学生除学了一堆知识之外，实践能力、创新思维以及情感培育等非常欠缺的原因。

教学方法为实现教学目标服务，在教学方法被"艺术化"的倾向下，尤其要防止"为艺术而艺术"的思潮蔓延，使教学方法创新走上一条"为方法而方法"的道路。无论是实施教学组织，还是运用教学方法，或是评价教学方法，都应该把课程及其教学目标放在首位，根据目标实现的程度和效果以及采取某种方法开展教学的效率来考量教学方法的好坏。

四、高校教育教学方法创新的原则

建构高校教育教学方法创新理论是为了推进高校教育教学方法创新实践。高校教育教学方法创新的原则是以基本创新理论为前提，按照激化矛盾冲突、假设科学有效和追求教学效率最大化的基本规律，指导和规训创新实践的准则。以适切性为特征的创新原则和以有效性为特征的创新目标是不断发展变化着的，不是一种判断教学方法的价值标准，它们在不同教学情境下有不同的遵循要求，绝不可一概而论，否则就会抹杀高校教育教学方法的复杂性和丰富性。

（一）科学性原则

高校教育教学方法创新无论在方法论层面还是在具体的教学艺术与技巧层面进行，首先必须是科学合理的，而不是随心所欲的，是科学性与艺术性的统一。同时，创新活动还必须同时符合相应学科规训和教育学科规律的基本要求，违背任意一方面的基本规定要求，方法创新就是为创新而创新的形式主义，不仅不能达到理想效果，还会诋毁教学方法创新的本来面貌。为了做到教学方法创新符合科学性原则，在创新活动实施之前，就应当对创新活动的实施以及结果进行基本评估，使其尽可能合理，操作更便捷。

（二）相对性原则

创新本来就是相对于原有状态而言的，任何创新都不可能达到绝对的最优、最佳、最美、最先进的程度。教学方法创新的相对性，一方面是针对人类既往所使用的一切教学方法而言，都是总结和继承传统教学方法合理成分而开展的相对完美的创新，没有过去就不可能有教学方法的创新，无论从具体形式还是从组合方式，以及所产生的后果，只要取得了相比以前更好的效果，就是成功的创新实践。特别重要的一点，就是真正的教学方法创新必须是能够推广的，而不是"独门绝技"。以前的很多教学方法创新，虽然在个别或局部产生了比较理想的成绩，但是推广价值不大，影响面小。这是我们开展教学方法创新所必须坚持的一项基本原则。否则，一切创新都会成为过眼烟云，不会给高校教育教学留下有价值的经验和财富。

（三）适切性原则

教学方法创新的基本要求是符合教学需要，创新是实实在在的实践活动，不能有理想主义的侥幸心理。教学方法创新设想一定要适合教学内容、教学对象、教学目标以及教学时代与环境的需要，方法是服务于内容、服务于主体、服务于目标、服务于环境条件的，不同方法适应不同内容、主体、目标、环境。因为高校的基本教学要素几乎时刻在变化，这要求教学方法创新活动也必须每时每刻、无处不在。即使是同一个教学内容、相同的教学目标和同一个教学时空，学生的情况也各不相同，可以尽最大努力实施多样化教学方法或教学进度。

（四）开放性原则

高校教育教学方法创新需要有一个开放的环境和宽容的氛围方能顺利进行，现有的各种管理、评价、考核制度不是鼓励教学方法创新，实际上是限制甚至是扼杀了教学方法创新。就教学方法创新的内在需要而言，一要有开放的视野，不要仅在教育学的圈子里也不要仅在已有高校教育学圈子里打转，创新就是突破和超越，站在井底就超越不了井口的视野，因此鼓励多学科、多领域、多国度的学习借鉴，当然这种学习借鉴必须是认真消化了的、切合高校教育教学基本要素需要的。二是在教学管理上对待教学方法创新也必须是开放的，不要把课堂规定得太死，课堂就是教师和学生的课堂，要提倡把课堂还给教师和学生。三是在教学方法创新结果以及评价方面也必须持开放态度，既然是创新，就要允许有多样化结果，甚至容忍失败，不能用传统的结果观念和标准考量创新的教学实践活动。同时，在评价某位老师的某门课程的创新价值问题上，也应该科学地看待评价主体的认识能力及其当下的感受，有时当下的感受可能是不真实的，需要用很长一段时间加以内化、比较以后才能做出客观的评价，所以不应一味苛求课后即时评价。对教师来说，所谓的教学风格主要也是运用教学方法的相对固有模式，这种模式不在于让每一次教学活动都感受深切，一定有所变化，有所改进，风格是在一届又一届的学生事后评价中产生的。

（五）公利性原则

公利即公共利益，它是与私有利益相对而言的。在人类社会发展中，对负面的"私利"的研究和剖析较多，而对普通的"公利"熟视无睹。公与私是一种系统联结概念，并非对立。公的根本价值在于为私服务，在于为私与私之间的利益分配提供公平保障。公是一个相对概念，从小处说是"私之外"，从大处说有国家民族之"公"、有人类社会之"公"。利就是具有某种可用性的价值体，分自然存在物之利和人为事物或事务之利两种。高校教育教学方法属于人为的无形有用价值，无论是使用还是创新都属于公利范畴，按照"强互惠"理论就是一种典型的公利行为，比如人类教育的产生、义务教育的规定性、高等教育大众化进程等都是宏观的公利性。教师在教学活动中的教学方法创新，必须是公利性的。

作为一个具体个人的教师，公必然源于私。但是，一定要注意处理"公心"与"公利"的关联。尽管出于"公心"但要明确利为谁谋。不是当下的自己和学生，教学方法的评价也不是当下评价的。私心谋私利，公心不一定都是谋"公利"，为了眼前的"公"谋利，是一种有回报的弱互惠交换行为，算不上公利性。也不是常见的平均主义式的公平利益，而是适宜于每个学生发展的内在的公平之利。

第二章 高校教育教学的理念与策略创新

第一节 高校教育教学的理念创新

一、树立终身教育的教学理念

终身教育、终身学习的思想是近代以来各国教育界乃至思想界的热门研究课题之一，构建终身教育体系、创建学习型社会也逐渐成为联合国以及世界各国指导教育改革和社会发展的基本理念。终身教育论者认为教育具有时空的整体持续性，即教育与学习"时时都有，处处皆在"。传统教育往往将人的一生分割为三个时期，即学习期、工作期、退休期。终身教育则冲破传统教育的观念，认为教育应当包括人发展的各个阶段及各个方面的教育活动，既包括纵向的一个人从胎教开始直至死亡的各个不同发展阶段所受到的各级各类教育，也包括横向的从学校、家庭、社会等各个不同领域受到的教育。

《中华人民共和国教育法》明确提出，要"建立和完善终身教育体系"。《面向 21 世纪教育振兴行动计划》进一步明确，"终身教育将是社会生产力发展与社会进步的共同要求"，要"基本建立起终身学习体系"。可见，终身教育、终身学习，已经成为我们的教育和社会理想，建立和完善终身教育体系，已成为我们义不容辞的职责。因此，要树立终身教育的教学理念，将各类教育形式有机结合，合理配置，创新高校教育的教学模式。高校教育肩负起发展终身教育的重任，依据社会的发展，职业的需求搞好高校教育、岗位培训、知识更新教育和继续教育，尽可能满足社会和经济发展的各种人才的要求。

强化开放办学的指导思想。联合国教科文组织发表的《德洛尔报告》中指出："如果大学能向所有希望恢复学习、接受和丰富知识或渴望满足文化生活的成年人敞开校门的话，大学就能成为人们一生中受教育的最好讲台。"世界许多国家通过开放办学使高校教育从精英教育转向大众教育，甚至普及教育。

我国高校教育由传统办学转为开放办学，一方面要大力发展远程教育和网络学校，采取"宽进严出"政策，向每一个人提供接受本、专科水平的高校教育。远程教育和网络学校由于不受时间和空间限制，更加适合各类在职人员的学习需要，必将部分取代传统高校教育的函授、夜晚学校和自学考试等多种助学方式，成为 21 世纪高校教育发展新的生长点。另一方面要充分利用高等学院是社会主义经济建设当班人这个得天独厚的优势，与企业、社会建立更为密切的关系，把学校办成教学、科研和经济建设的联合体，提高高校教育在市场经济条件下的办学效益和造血功能，使高校教育在自身发展壮大的同时，进一步提高为社会服务的功能。还要有强烈的国际意识，推进和发展高校教育的国际交流与合作，大胆吸收和借鉴世界高校教育的成功经验，使我国的高校教育建立起一个面向社会、放眼世界、兼收并蓄、博采众长的开放体系。

二、拓展德育教学的教学模式

从职业发展理论来讲，高校教育在德育教学上的问题，将影响职场个体的职业发展精神和职业道德素养的培育。但是高校教育对象的特殊性，决定了学员德育教学的艰巨性、复杂性。一般意义上的德育教学很难达到令人满意的效果，高等德育教学也成为高校教育中最为薄弱的环节。因此，创新基于职业发展理论的高校教育教学模式，应当积极拓展高校教育中德育教学这一重要组件。

(一) 拓展德育教学的内容结构

现代德育是以社会现代化、人的现代化为基础，以促进人的现代化为中心，进而促进社会现代化的德育。现代德育必然要反映现代社会中人自身道德发展的要求，反映现代社会发展的要求。因此，在围绕高等德育内容的构成上，应该更具广泛性、现实性。职业道德是衡量一个从业者道德水平高低的重要标尺，它影响和决定人们劳动的态度和方向，成为决定劳动者素质水平的灵魂，在高校教育内容中居于核心地位。另外，高等德育要指导受教育者运用科学先进的价值理念学会判断、学会选择、学会创造。随着科技、经济、社会的发展，人们的生活方式、价值观，包括道德观念、道德准则不断变化，原有的某些道德观念、道德规范有可能过时，不可避免地需要提出一些新的道德准则和规范。例如，在科学道德、信息道德、经济道德、网络道德、生态道德等领域特别需要具体的规范，特别需要道德的创造。因此，这也应该是高等德育教学的重要内容。

(二) 拓展德育教学的教学形式

拓展德育教学的教学形式必须充分利用现有教学资源和条件，选取在教学中已经成形的教学方法和模式进行拓展延伸。

第一，应当充分运用课堂教学，开展德育教育。课堂教学是学员学习的主要形式。在课堂德育教学开展过程中，根据高等学习的特点，在教学计划和教学内容上，都要做特殊要求，教育内容应该根据市场经济的形势，适时调整德育目标。将以往的"完人道德"调整为"高等道德"教育。教育过程中要坚持先进性和普遍性相统一的原则，立足市场经济的实际，提倡"为己利他"的道德建设目标，把"利己不损人"作为道德底线，并且把健全的人格塑造放在德育工作的首位。同时，注重发挥学员主观能动性，强化课堂师生双向互动，创造轻松、活泼的德育氛围，保证对学员开展有效的德育教育。可以聘请知名专家举办专题报告，作为特殊课堂形式，加强对学员人生观、职业道德、现代教育教学和传统文化的教育。总之，无论课堂内外，德育教育的目标和德育教育的重点应在学员健康人格的塑造上，使学生明了道德建设是人格修养不可或缺的一部分时，他们才能接受我们的教育。

第二，利用多媒体教学，强化德育教学效果。传统的授课方式无法满足现代高校教育德育教学的需要。因此，在德育教学过程中，要以鲜活生动的实例来感染学生。通过学生自主的情感判断来塑造道德榜样，唤起对道德善行的崇敬之情，在纷繁复杂的社会现象中找到自己的道德归宿。注重现代教育技术的充分运用以及信息技术与学科资源的整合。充分利用电影、电视、教学录像等信息化、电子化、智能化的多媒体教学手段，借助于这些灵活多样、内涵丰富的声、光、图像等教学形式的直观冲击力，增强学员的兴趣，使学员的认识更加深刻，产生事半功倍的理想教学效果。此外，可以利用网授以及远程教学发挥网络教学的优势，拓展德育教学空间，克服高校教育教学时空上的局限性，整合课堂教学和多媒体教学的优势，充分发挥网络资源在教育教学中的作用；借助网络实施网络教学，可以将专家、学者的精彩专题报告、德育教学录像制作成教学辅导光盘在教学辅导网站上和有条件的教学点进行播放。

这一生动、灵活、便捷的德育教学形式克服了高校教育时空上的制约，发挥了网络便捷、高效、涵盖广、辐射面大的优势，最大限度地拓展了德育教学空间，为广大学员提供了全天候德育教学服务。

(三) 拓展德育教学的评价体系

基于高校教育的特殊性，高等学习者的德育考核评价有别于其他一般的考核，具有自身的特殊性。因此，凡是列入教学计划的内容，可以通过知识考试的手段进行考核评价；对于学员的思想观念的考察，可以通过日常管理中的操行鉴定来考核评价；对于学员的行为考核主要由学员工作单位出具考核鉴定和进行跟踪问卷调查。另外，为了充分调动广大高等学习者的积极性，鼓励他们在思想上、学习上积极进取，可以建立评优奖励制度，进行精神和物质奖励。对表现差的学员进行批评教育。通过长期的探索以及多年以来高等教学的实践，制定一系列评判原则和标准，建立以职业发展为基础的高校教育德育教学全方位评价体系。

（四）拓展德育教学的管理网络

高校教育的德育教学是一项复杂的系统工程，必须要动员主办学校、学员家庭等全方位参与，才能实施有效的组织管理。主办学校根据国家的有关规定，结合高校教育的特点，制订德育教学计划，科学、规范、可行的评价考核标准以及考核措施，如班主任配备，班级临时的党、团支部活动安排等，负责德育教学的实施和知识考核。学员居住的社区和学员所在单位承担着对高等学习者的平时监督、检查的作用，负责平时的思想政治教育。高等学习者所在单位具体负责学员日常行为、思想观念等方面的鉴定意见。通过三个环节的协调一致，才能形成高等德育教学的组织管理网络。

三、确立多元化的教学模式

创新基于职业发展理论的高校教育教学模式，需要以高校教育学员的职业发展需求为导向来设计多元化的教学模式，创造一种超越时空限制的弹性化学习机制。确立多元化的高校教育教学模式，必须体现高等教育特点，以高等教育的生活、需要与问题为中心，突出能力培养与多种教学范式综合运用的教学活动与形式。新的教学模式应强调个体的思维能力和动手能力，而非只学习基础知识，强调解决问题的能力，强调培养学生面对快速变革的职业生涯和多元的价值取向所应具有的包容能力和理解能力。在课程建设目标上，要更加强调综合能力和建立在个性自由发展基础上的创新能力。在教育建设中注入科学精神和人文精神，以滋养和陶冶学员的性情，帮助其顺利走上职业发展道路。

按照教学对象的细分，我们可以把多元化的教学模式分为学员为主产生的教学模式、学员为业余产生的教学模式、学员为函授生的教学模式。对于第一种即学员为主产生的教学模式，其教学目标为系统地掌握知识、方法和技能，综合素质全面提高；其教学内容为基础理论+专业理论+专业技能；其教学方法与手段为课堂教学法（主）+试验实践教学法（主）+网络教学法（辅）。对于学员为业余产生的教学模式，其教学目标为较系统掌握知识要点，具备从事专业岗位的知识结构与知识适用能力；其教学内容为基础理论+专业理论+理论运用；其教学方法与手段为课堂教学法（主）+网络教学法（辅）。对于学员为函授生的教学模式，其教学目标为了解一定的理论知识要点与基本具备进一步的提高能力，基本具备知识要点使用能力；其教学内容为基础理论+专业理论+理论适用；其教学方法与手段为网络教学法（主）+课堂教学法（辅）。

在具体的实践中，确立多元化的教学目标应注意以下三点。

第一，确立多元化的教学模式应突出学员的能力培养。函授生、业余生来源于生产、服务、管理第一线，具有较强实践工作经验，但理论知识相对较缺乏，因此需要通过专业知识的学习与深化，强化理论知识与实践的结合，培养专业技术知识的综合运用能力，而产生的学习目的是适应市场变化新形势，通过学习找到较满意的工作。因此，高校教育教学模式必须体现以高等需要为中心的"突出能力培养"的目标。

第二，应提倡跨时空的教学形式。高校教育学生的工学矛盾突出，文化基础差异较大，这为教学组织和教学质量的提高增加了困难。而以网络为基础的教学手段则有效地解决了以上问题，一方面，网络教育不受时空限制，从而为成教学生提供了跨时空的学习环境。另一方面，网络教育作为一种教学补充，有利于基础较差者的知识补充。因此，多元教学模式必须具备"虚拟学习环境与学习社区"功能。

第三，确立多元化的教学模式，应转变教育观念，改革和创新教学方法，采用适合高等学生心理特点和社会、技术、生活发展需要的教学方法。

四、引入校企合作的教学模式

在高校教育过程中，由于高等学员身份的特殊性，他们往往要兼顾学习和工作的双重压力，难以在两者之间恰当地分配时间、精力，形成较难解决的工学矛盾。另外，就职业发展理论而言，高校教育教学模式必须考虑到学员的职业发展需求是以学习专业理论和专业技能为主。为了找到学习和工作之间的平衡点，并提高学员的实践动手能力，有必要引入校企合作的双元制教学模式，以夯实学员的职业发展道路。

（一）建立校企联动机制

合作的前提是信任和需求，关键是寻求联动的结合点，否则难以形成合力。从前面的分析中我们已经清楚地意识到，校、政、企三方都有实施教育的愿望和条件，这就给创建"学校主办、企业和政府协办或督办"的共同办学联动机制铺平了道路，也为实施校政企合作人才培养模式扫清了障碍。

对于学校、政府、企业而言，发展是大家关注的焦点。因此，校、政、企联动的逻辑起点应该是发展。学校发展主要体现在人才培养上，政府（社会）、企业发展需要人才，人才就成为双方或多方联动的结合点。要让学校、政府、企业围绕人才培养走到一起，必须建立有效的联动机制，包括管理制度和运行模式。必须建立以现代信息技术为依托的网络交流平台以及信息员联络制度和信息发布制度，畅通对外宣传和信息沟通渠道。

（二）规范校企管理模式

双方或多方合作，必须以合同或协议的形式建立一种有约束力的办学关系，明确双方责任与义务，从而确保合作的有效性和规范性。同时，必须充分尊重高校教育规律和高等学员特点以及政府、企业的实际需要，建立以主办学校为主、政府和企业参与的教学管理制度，共同商议、决定重大事宜，合理安排各教学环节，确保教学质量，达到规范性与灵活性的完美结合。在办学实践中，我们实行的是项目管理，即由学校高校教育主管部门和企业、政府负责人组成项目管理组，共同研究制订培养计划、管理制度并组织实施。在具体的教学实施过程中，校、政、企各方紧密合作，及时掌握教学情况，有力地保证了人才培养质量。

（三）合理设置培养目标与教学计划

高校教育培养适应生产、建设、管理、服务第一线需要的德才兼备的应用型高级专门人才。要实现这个培养目标，关键是要制订一个以较高层次的技术应用能力为主线的培养方案，构建科学、合理的课程体系，确定学以致用的教学内容以及与学员的职业发展、从业岗位密切相关的实践教学环节。因此，必须彻底改变沿袭普通高校教育的人才培养模式，建立"学历+技能"的学科课程与技能培训相结合的课程体系。学员来自各行各业生产、管理、服务一线，有的还是管理和技术岗位骨干，对职业、技术及其所需知识有着深刻的认识。学员所在单位和部门也希望自己的员工能学有所获、学有所成、学以致用。因此，我们在制订教学计划时，应该充分利用学员及其所在单位这一宝贵资源。让学员和社会各界充分参与到教学计划制订和课程设置中来，使我们的教学计划、教学内容更具针对性和实用性。实践证明，高校教育校、政、企合作人才培养模式是一种多方共赢的人才培养模式，也是高校教育事业可持续发展非常有效的一种模式，随着科技、经济、社会的持续快速发展它必将拥有一个美好的前景。

校、政、企合作之路还在探索之中，许多深层次问题还需我们在实践中不断地探索，如合作模型与运行机制问题、学历教育与技能培训关系问题、学员考核与评价问题等。我们必须在实践中改革创新，拓宽运作思路，主动走出校门，将高等高校教育真正办成面向社会的开放式教育，为社会各界、企事业单位提供更好的教育服务。

五、以学员为教学中心

职业发展理论的核心是职场个体的职业生涯发展，说到底是以人为中心的考虑点。因此，基于职业发展理论的高校教育教学模式的创新也应当坚持以人为中心的价值取向。"大学之道，在明明德，在亲民，在止于至善。""亲民"和"至善"从主客观方面都体现了人本思想。坚持以人为本，树立全面协调可持续发展理念，体现在高校教育教学中主要是坚持以学生为中心，以人的教育为出发点，以人的教育为归属。

这就意味着高校教育的教学评价必须着眼于人的发展，着眼于社会对人的多元化的需求，而不能局限于知识的考核。基于职业发展理论的高校教育教学模式，要体现以学生为本的思想，就必须要尊重学生的评教权，尊重学生对教学过程的选择权，缺少这两者，就无法做到以学员为本。高校教育学生在接受教育时，他们不需要被动接受一些对他们没有用的知识，而是需要搜索对自己有价值的知识。他们需要的是一种自我的选择知识和构建知识的权利。因此，创新基于职业发展理论的高等高校教育教学模式应当坚持以学员为教学中心的价值取向。

基于职业发展理论的高校教育教学模式应以学员的实践动手能力为基本的评判标准。众所周知，高校教育与普通高等教育同属高校教育的范畴，它们有共性，但毕竟是两种不同的教育形式，有着它们自身独特的个性。但时至今日，仍有相当多的人以普通高校教育的观念、普通高校教育的模式、普通高校教育的标准来套用、衡量高校教育，力求在质量与规格上应与普通高校教育"同类""同质""同轨"。这在学生的就业与求职中表现得最为明显。高校出于对学生前途着想，只好在日常教学与考核上，变求同存异为全同不异，导致高校教育慢慢被普通高校教育同化。踏入职场，接手工作岗位，对于缺少高等学历文凭和高等文化教育的他们来说，扎实学习一门专业学科并培养较强的实践动手能力，才是他们在职场上安身立命之根本，并且以此作为日后职业生涯发展的基石。因此，创新基于职业发展理论的高校教育教学模式应当坚持以实践能力作为评判标准的价值取向。

第二节　高校教育教学的策略创新

一、高校教育教学课程创新

（一）创新课程理念，加强课程的人本性建设

1. 符合人的认知规律，重视知识的逻辑顺序和层次结构

教育的目的性和计划性首先体现在课程的设置和编排之中。课程设置和编排的基础，

是对知识结构的规划和设计。因为，人的发展的各个方面，都是以"知"为起点的，智力、能力、技能、技巧也好，情感、兴趣、态度、动机、意志也好，理想、信念、道德和审美观也好，都离不开"知"，都要从"知"开始。科学世界观的形成，更离不开知识和经验，离不开一个人对客观世界和人的主观世界的系统认识。课程的设计和编排就是要着眼于形成学生的某种知识结构，以此作为学生全面发展的知识基础。

按照认知心理学家的看法，认知结构是由知识内化而形成的。它不是简单的记忆和接受的结果，是经过了思维的创造性加工改造，并形成了相应的智力技能、操作技能和行为习惯。那么，教材要选取什么材料才能塑造学生的合理的结构呢？认知教育心理学家奥苏贝尔认为，首先必须找出那些决定学科基本结构的"强有力的观念"，确定学科中特定的组织和解释性原理。用布鲁纳的话说，就是要重视学科的基本结构。

课程设计中之所以要强调学科的基本结构，是由于学科基本结构对于学生的学习具有特殊的心理学意义。第一，掌握学科的基本结构有利于学生理解学科的内容。在新异的学习情境中，通过由一般概念原理到具体内容的演绎性教学模式获取新知识比归纳获取新知识要省时、省力。学生认知结构中一旦有概括水平高于新知识的原有固定观念，新观念和新信息的获取与保持才最有成效。第二，掌握学科的基本结构有助于学生记忆的保持与检索。人类记忆的主要任务不在于储存而在于检索。只有把一个个材料放进"构造得很好的模式"里，材料才能因得到简化而拥有"再生"的特征，学生一旦掌握了学科的基本概念，就能简化信息，减轻记忆负担，并产生新命题，推演出大量新知识。第三，掌握学科的基本结构有利于学习的迁移。学科的观念越是基本，几乎归结为定义，则这些观念对新问题的适用性就越广，越有利于后继学习。

确定学科的基本结构，必须考虑学生的学习准备。这一方面是知识的准备，另一方面是认知发展的准备，即由一般认识成熟程度决定学生从事新的学习和一定范围的智力活动所应具备的认知功能的基本发展水平。

美国教育心理学家布鲁纳虽然宣称可以将任何事物以适当的方式教给任何年龄阶段的任何人，但他同时也十分重视学习的准备。他认为，如果过早地将不适当的知识结构教给学生，超越了他们认知发展的水平，学生的认知结构就会"闭合"，反而不利于他们今后获得更适当的学科知识结构。因此，课程的选择和编排既要符合教学规律，又要体现大学生身心发展特征，即按照一定的程序将完整的知识提供给学生以保证教学的系统性和循序性，又按大学生的年龄特征来筛选课程以保证学习的量力性和可塑性。学科内容的体系是学生学习该门课程的逻辑线索，应以有关科学的体系为基础，处理好课程关系的"四个性"：①理顺课程的承续性（先行或后续课程）；②注意课程内容的过渡性；③重视课程结构的整体性；④实现关键课程的不断线。同时，教学是特殊的认识过程，教学规律必须符合学生的认知规律。古人言"欲速则不达"，课程偏多或偏少、过难或过易、"吃不了"或"吃不饱"，均会影响学生的发展，从而达不到教育的目的。大学生属于"中晚期青年"，身心发展趋于成熟但尚未成熟，具备了掌握系统科学知识的充分条件，且可塑性强。因此，课程设置的起点要适当，台阶要小，每学期课程门数要安排适当，不宜过多，主要理论课的门数和时间不要过分集中，要给学生自学和独立思考留出足够的时间和空间。

2. 符合人的个性发展规律，设计个性化培养的课程体系

课程设计的实质是设计学生的学习活动，其最终目标是促进学生个性和谐而充分地发展。在学校教育中，学生个性发展的全面性取决于学生学习活动类型的完整性。课程设计要实现其最终目标，就必须遵循功能完备原则，即将人类活动的各种基本类型完整地纳入学生的学习活动体系，以促进学生个性的整体发展。

高校教育的课程设计，既要遵循这一原则，也要和自己的专业教育相适应，如何将自己的学科、专业范围内的知识结构展现给学生，让学生根据自己的特长爱好选择自己的发展方向，是个性化培养的一个前提。

个性化课程组织强调个别发展，以学生的需要、兴趣和目的来进行课程的组织。它有两个特征：一是以个别学生而不是以内容为其组织的线索；二是不预先计划，而是随教师和学生一起进行教学任务（常常称为"生长"）而演化形成的。这种组织的主要有以下三个特征。

第一，课程的结构由学习者的兴趣和需要来决定。这意味着是学习者自己直接感觉到需要和兴趣，而不是由设计者来考虑学生需要什么或他们的兴趣应当是什么。

第二，只有当教师和学生一起确定追求的目标，规定查阅的资料、计划实施的活动以及安排评定的程序时，课程组织才会形成。

第三，把重点放在所学习问题的解决过程上。追求兴趣的过程中，碰到某些必须解决的困难和障碍构成真正的、学生渴望接受挑战的问题。

这种课程培养学生的个别差异，强调的是解决问题的活动，我国高校教育的课程改革，曾经有过"产品带教学"的经历，但这种形式绝不是个性化教学的形式。要探索个性化教学的新模式，也不能照搬上述的组织形式，因为它已被国外教育实践证明是失败的，但是这种思想是值得借鉴的，摆在高校教育课程设计者面前的问题是如何利用这一思想来设计出符合大学生学习特征的个性化课程，这既是高校教育课程改革中的问题，也是改革的方向、奋斗的目标。

3. 符合人的社会发展特征来组织课程

在高校教育过程中，人是高校教育实施的对象。大学生的发展包括身心两个方面的发展，它受到遗传和环境两大因素的制约，高校教育作为一种特殊的环境因素，在人的身心发展中起到主导作用。高校教育活动主要就是指培养和发展一个人全部潜能的过程，即把一个人在体力、智力、情绪、道德等各方面的因素综合起来，使他成为一个具有良好素质，在某些方面具备特长，身心得到全面发展的人。高校教育要达到其目的并体现其功能和价值，其活动就必须遵循受教育者——大学生的身心发展特征和德智体美等全面发展要求来进行。根据大学生的智力、体力及个性发展的水平和特点，结合大学生的个性差异，使大学生获得更多、更广的知识的同时，更要全面培养大学生的思维能力和独立地获取知识的能力，培养他们科学的世界观、方法论及崇高的理想和信念，使他们坚持社会主义的正确方向。

课程应该引导学生认识社会。社会如同一面多棱镜，不同的视角有不同的结果，社会的发展是动态的，不同的发展时期有不同的特征。高校教育要引导学生去正确认识、把握这些特征。教育学生懂得科技化知识是远远不够的，社会需要全面发展的人才，如理工科大学生不仅需要科学素养、工程素养，而且还需要人文素养。理工科人才面对具体的工程项目，考虑的不能仅是技术问题，必须考虑到社会多方面的因素，进行价值判断。在做可行性报告时，要考虑到特定的地理人文经济因素。产品设计不仅要经济实用，而且要满足人的审美情趣和心理特征（建筑设计还要考虑到历史文化因素）。理工科学生还应具备社会责任心，能够想到他们所从事的工作对自然、对社会的影响，并由此做出正确的判断。这对课程构成提出了要求，不仅要开设科学课程，而且还要开设工程课程、文化课程。

课程应该引导学生适应社会。社会的发展不以个人意志为转移，课程的变化、发展要与之相适应，课程的设置既要保证各自的学科性，还要有相当的灵活性，如现阶段，开设创业教育课。另外，要重视建设适应性课程，适应性课程的特点就是课程本身具有适应变化的能力，采纳以未来为导向的动态的学习材料，取代传统课程中以过去为指向的静态的学习材料。

有学者提出适应性课程体系由配套的四部分组成：数据书、阅读书、核心课本、教师参考书。适应性课程不仅有助于保持课程的相对稳定性，形成学生一定的思想方法，同时其灵活的组织方式和对学生的独立探究过程的强调也有助于随时纳入新的信息与材料，向新思想、新观点开放，从而促使学生在掌握文化发展规律的基础上了解历史，立足现实，适应社会。

课程应该引导学生融入社会。高校课程在加强学生专业基础理论课程教学的同时，必须根据社会发展、科技进步、生产方式变革的动向，或让学生深入社会和生产部门，以丰富社会经验，学习并应用实际知识，或让学生通过自主的科研活动加深与实践的结合。理论与实践的关系在不同的专业会有不同的要求。理、工、农、医各专业要获得实验、实习、计算机应用、绘图和某些必要的工艺及有关现代技术的训练；文科类专业要获得阅读、写作、资料积累、文献检索、调查研究、使用工具书等方面的训练；艺体类专业、师范类专业要加强专业技能的实践训练。因此，从某种意义上说，在大学教育中，理论课程是引导学生向学科纵深发展的基础，实践课程则是引导学生融入社会的敲门砖。

（二）创新高校教育课程理论体系的研究与构建

在课程界，对课程理论的研究及理论体系的建立是一项长期而艰苦的工作，因为不同的哲学思想会导致不同的课程理论。在课程史上，曾有以泰勒为代表的科学课程理论（也称理性课程理论），以施瓦布为代表的自然主义课程理论和以后现代思想为主导的激进课程理论以及解释学课程理论、审美的课程理论等，但从没有某种理论能有"一统天下"之功效，这种百家争鸣的局面似乎表明课程理论尚未成熟。

在高校教育界，人们关心课程理论的进展，但更关注课程理论对应用研究的作用，即如何用这些已有理论来指导高校教育课程理论或课程体系的建立，脱离纯理论研究的羁绊，一般认为大学课程理论体系是由多个方面的内容组成的。它包括培养目标与规格的变化、课程政策的调整、课程结构的构建、课程建设标准的制定、课程资源的开发与利用、评价体系的建立、教师教育及制度创新等，是一个由课程建设所牵动的整个高校教育的全面建设，是一个系统，需要教育行政部门、科研机构、高校（其中教师是最为关键的因素）等的共同参与和完成。它牵涉到高校教育整体和各个局部的关键领域，受到课程内部和外部、宏观与微观等多方面因素的制约，其成功与否取决于诸多因素本身的质量水平及其构成。

课程是为培养目标服务的，课程建设必须服从于培养目标。因此，对培养目标的研究与解释，应该是课程理论建设中不可忽视的问题。但是，由于培养目标一般是由学校（或学科、专业）制定，它充满了个性色彩，不宜一概而论，但是对人才的规格问题，在我国高教界都充满了共性。中华人民共和国成立后，本科教育主要是以专才为其培养规格。人们现在普遍对过去的专才目标持批评态度，但并未形而上学地完全否定，只是强调要在通才教育的基础上进行专业教育或通才教育要与专业教育相结合。如著名经济学家、教育家陈岱孙认为，我们的高等院校所培养的人才，应该是在广厚的知识基础上具有专深研究能力的人才。国家开放大学校长杨志坚认为，要在通才教育的基础上进行专才教育。清华大学教育研究院教授李曼丽认为，要去除高校教育过分专业化的弊端，就应该在高等本科教育中实行通识教育和专业教育相结合的教育模式。值得注意的是，自20世纪90年代中期以后，不少高等学校在考虑本科教育培养目标定位问题时，都极力回避使用"通才"或"专才"概念，更多地提介于两者之间的复合型人才概念。

课程政策是指国家教育行政主管部门在一定社会秩序和教育范围内，为了调整课程权力的不同需要，调控课程运行的目标和方式而制定的行动纲领和准则，它的重点在于解决"由谁决定我们的课程"或者课程权力的分配问题。它的构成要素主要有三个：第一，课程政策目标，它是课程政策三大要素中最重要的要素，反映政策的方向、目的和所要解决的课程问题。第二，课程政策载体（手段和工具），这是三大要素中的主体，它有保证实现课程目的作用。第三，课程政策主体，它是课程政策的制定者和执行者。国家课程政策制定就要考虑课程政策的目标是什么，目前的形势是什么，什么样的课程政策才更能促进学生的发展？课程政策载体各有什么？并且随着时代的进步，课程政策也要相应变化。

对课程设置和课程结构方面的理论研究，是课程实践者的期待，也是当前比较薄弱的环节，我国高校教育的课程建设总体结构缺乏科学、合理的理论指导，课程间、学科间缺乏有机的融合，课程比例结构有待合理的论证，与课程目标、培养目标的对应也不是很好的。当前人们的研究多数集中在应用层面上，而且也发现了一些现象，如重工程科学，轻工程实践。重专业，轻综合，重知识，轻能力，理工科院校都非常注重科学理论的教学，实践教学方面不是很强，重点强调学好专业，不注重培养学生的综合能力。注意了课程内容的专业性，忽视了课程的综合性，注意了课程的科学性，忽视了课程的技术性。但是，这些现象在理论层面上表现出的是什么问题，应该用怎样的理论指导来防止这些问题，这正是当前缺乏的和需要研究的问题。目前，我国课程结构基本上是单一的学科课程，普遍存在着重视学科课程，忽视活动课程，重视必修课程，忽视选修课程，重视分科课程，忽视综合课程的现象。这些现象反映出在课程结构研究上理论的匮乏，这些问题都需要课程理论工作者进行不断研究，重新构建一个科学、合理的课程体系。

课程建设标准的制定，课程建设的目的是提高课程的质量。一门课程的质量是受教师的教学水平和学术水平、教学环境和条件、教学方法及效果等诸种因素制约的。进行课程建设，就必须对影响课程教学质量的各个环节提出一定的要求，这就是课程建设的标准。课程建设的标准可以从以下几个方面加以考虑：第一，师资队伍。教师是课程教学的组织者与实施者，教师的素质决定课程的教学质量。因此，课程的师资配备从数量上必须达到一定的要求。一门课程应配备两位以上的教师。也就是说，至少有两位教师能讲授该门课程，足够数量的教师可形成梯队，相互促进，有利于开展科学研究、教学改革等。第二，教学条件。教学文件完备、配套，大纲能明确本课程的性质及其在专业教学计划中的地位和作用，阐明本课程的教学目的、基本内容、教学的重点和难点，说明各章节的联系及本课程与先行课、后继课的衔接，合理安排各个教学环节，反映本学科的新成果，能体现培养目标对本门课程的要求。第三，教学方面。每门课程应有相应的教学研究组织，具有健全的管理制度，教学档案齐全，对教学研究、学术交流、师资培训等都能做到有计划、有措施、有总结；严格执行教师考核制度；重视本门课程教学质量的检查；注意经常听取学生的意见，不断改进教学工作。

高校课程理论体系建设是一个系统的工程，除了上述方面外，还应包括课程评价、教师教育及制度的创新等，包括广阔的研究范围和多种多样的研究内容。这里，我们仅提出课程理论建设的几个方面和课程理论或实践中的问题，以表明课程理论建设的重要性和必要性。真正的课程理论体系建设工作，应该是一项任重道远的工作，还有待课程工作者今后的不懈努力。

（三）重视学科课程开发的研究与实践

1. 学科课程应具有开放性，以形成并容纳跨学科课程

面对当前学科知识既高度分化又高度综合，交叉学科不断涌现，社会需求多样变化的新形势，以培养专才为目的，以专、深为特点的旧的大学课程体系已经无法适应新的挑战。新时期的课程体系必须克服以往课程体系的弱点，在课程组合上，一方面要强化基础理论课程，增大学科知识中那些较稳定、持久部分的比重，使这些基础的知识成为学生构建其认知结构的平台，为学生的终身学习和进一步的深入研究打下牢固的理论基础。另一方面，要淡化学科壁垒，有意横向延伸，向边缘学科或跨学科方向发展。如在设置公共基础课、学科基础课和专业基础课的基础上，多设置一些综合性、边缘性交叉学科甚至跨学科的选修课程，以适应高校教育培养目标多元化以及多元经济时代的多样化要求，帮助学生了解现代科学技术的最新动向，迅速接近科学前沿，造就出适应未来需要的高素质人才。

另外，可以尝试开设跨学科课。跨学科课是为了扩展学生知识面而设立的跨专业、跨学科的课程。它的出现是与科学的飞速发展和学科的快速分化息息相关的，为适应现代科学技术和社会发展的需要，必须开设边缘学科、交叉学科等跨学科课程，以利于大学生的知识在专业化基础上向综合化方向发展。

2. 学科课程要注重综合性，以利于人的全面发展

在今天这样的社会里，假如一个人的知识面狭窄单一，即便他的学问再深，也难成大

器。为了适应社会要求，高校教育已经确立了多元化的培养目标。因此，必须采用设立综合性课程的办法来解除一些专业相互隔离的状况。而这种综合，并不是拼盘式的集合，而是符合教育基本规律，具有必然逻辑联系的课程设置上的优化组合。这种文理工课程的相互渗透、相互交叉的形式，不仅可以拓宽学生的视野，有效培养其思维能力，促进学生的全面发展，实现自然科学与社会科学、科学教育与人文教育的整合，并导致了许多跨学科领域的研究和新学科群的出现。

3. 学科课程设置要具有前瞻性，以利于知识的创新

在科技日新月异的当今时代，高等学校课程的编制必须把握时代的脉搏，预测本学科未来的发展方向，使这些课程中不仅包含前人所积累的知识和经验，还能反映本学科发展的现状和趋势。这就要求我们必须改变过去统一、刻板的教学计划，建立起动态发展的课程体系，在课程体系中留出一定的空间，充分调动教师和学生的积极性，发挥他们的主观能动性，鼓励他们积极探索、勇于创新，使我们的课程不仅具有知识性和系统性，学科课程要具有国际视野，尝试开设国际化课程而且处于动态发展之中。其实，目前世界上的许多国家都特别重视课程内容的更新，都积极地把科技文化的新成就吸纳到高校的课程中，并开设了一些代表未来社会科学发展方向的课程。这充分地显示了当代课程改革的一个重要方向——前瞻性。

4. 课程开设要具有国际视野，尝试开设国际化课程

发达国家的高校教育对此早有觉醒，如美国的哈佛大学和耶鲁大学都声称要造就具有全球意识的人才，而麻省理工学院也声称要培养领导世界潮流的工程人才。所有这些也表明，人们已充分认识到只有突破文化差异的障碍，才能真正地吸收人类文明的优秀成果。

21 世纪是信息化社会的世纪，是人才竞争激烈的世纪，高校教育面向世界是由经济日益国际化决定的，国际竞争将是全方位的，其背后是国际教育的竞争，实质是较强应变性和适应性人才的竞争，这一发展趋势也必然对高校教育培养的人才质量提出了更高的要求。因此，我们在高校教育的课程设置中必须具有国际视野和全球意识，体现国际精神。我们应该教育高校学生，使他们认识到要在世界舞台上占有一席之地，高校就应开设一些与国际联系密切的课程，如外语、国际关系、国际文化、国际管理、国际科技、国际信息与市场信息，使学生能够通晓国际知识，具有全人类的视野，适应高度科技化的世界。

二、高校教育教学评价创新

（一）高校教育教学评价理论发展的哲学基础

邱均平教授早就说过："没有科学的评价，就没有科学的管理；没有科学的评价，就没有科学的决策。"现在，这一科学论断已基本上成为一种社会共识。尽管如此，评价活动仍然受到来自社会的质疑和批判。因此，如何正确地看待评价、科学地开展评价、合理地利用评价，已成为社会各界关注的重要课题。我们生活在一个评价的世界里，任何人都离不开评价，都与评价息息相关。我们随时随地都在评价周围的人、事、物，同时也随时随地都在接受各种各样的评价。在学习、工作、生活中，任何人或组织都面临着各种选择，即做出决定和决策，而在做出决定和决策之前，需要对其对象进行了解和认识，还要根据自己的价值观念和行为准则对其进行判断和审视，这就是一个评价过程。我们随时随地都在进行着各种选择和决策，因此也随时随地都在进行着各种评价。

我们生活的世界是一个复杂的社会系统，包含众多的评价标准、准则和观念。其中，政策、文化、制度、法律、法规等合在一起形成庞大、复杂的都是教学评价标准和评价系统，谁也无法完全脱离这个评价系统而生存。因此，事物的评价都被置于一定的评价系统和网络中接受被评价，并按照评价系统的要求行事，否则就会受到排斥和惩罚。

面对如此丰富和复杂的评价活动，我们应该采取客观的态度，科学地认识，合理地选择，这样才能做到科学地评价。科学的评价活动自产生之日起，发展非常迅速，受到全社会的高度关注和普遍重视。大致经历了从原始评价或本能评价到社会评价或大众评价，再到综合评价或系统评价三个不同阶段。随着评价活动的科学化程度日益提高，相关理论和方法逐步成熟，出现了从定性评价向定量评价以及定性与定量相结合的综合评价模式转变。

（二）多学科视角的评价研究

哲学领域的学者对评价进行了大量的研究，成为评价学的重要理论来源之一。价值、认识与评价问题的研究在西方哲学研究中起步较早、时间较长，形成不同的研究思路和派别。而我国的研究虽然起步较晚，但也产生了丰富的研究成果。心理学视角的研究以英国哲学家艾耶尔等人为代表。他们认为，价值存于评价之中，它是一种心理现象或情感现象，而评价就是情感的流露和表达。因此，他们主要研究评价的情感因素，研究情感判断及其自明性。语言学视角的研究主要是从语言学的角度来分析"伦理句子""价值句子"，认为这样就可以把握和揭示价值的本质、评价的本质。这种研究充分关注评价的表达形式。价值论视角的研究把人的活动看作是把握价值、创造价值和实现价值过程的各种不同表现，它对认知与评价做出实质性的区分，亦即认知从属于评价，这是一种对评价的非认知意义的研究。研究者们认为，价值与评价紧密相连，价值决定评价，评价揭示价值。没有价值现象就没有评价活动，没有评价活动，价值就无法认识和体现。我们通常所说的价值，都是被意识到、认识到的价值。在评价之前或之外，价值只是作为一种客观的、潜在的形式而存在着。

评价是一种价值认识和价值判断行为，即"价值评价"。评价过程是对评价对象的掌握过程，是一种认识行为。因此，认识与评价密切相关，认识活动（包括事实认识和价值认识）是评价活动的基础。科学评价就是在事实认识和价值认识的基础上对评价对象于评价主体的价值和意义所做的合理判断，即了解、认识、确定和判断评价对象对评价主体有无价值及价值量的大小。

科学评价是准确、全面、系统认识事物的一种有效方法，它是在事实认识和科学认识的基础上对评价对象进行价值判断的活动（即价值评价、评估或评定），本质上是一个价值判断过程，同时它也是一种特殊的认识活动，即价值认识活动。因此，价值理论和认识理论是教学评价的理论基础，是构成评价理论集合体的重要理论来源。

（三）教育评价理念

1. 终身教育的理念

教育是一种特殊的培养人的社会实践活动，教育实践活动的主体和客体都是具有能动性的人，这是现代教育理论公认的结论。现代人生活的过程就是教育和受教育的过程，学习和教育是贯穿现代人一生的重要特征，这是终身教育思想教育的过程。

对我国而言，终身教育并不是一个全新的观念。我国古代大思想家、教育家孔子曾说："吾十有五而志于学，三十而立，四十而不惑，七十而从心所欲，不逾矩。"（《论语·为政》），因为"人非生而知之"，而在于终身努力学习，"发愤忘食，乐以忘忧，不知老之将至"（《论语·述而》）。孔子主张"学而不厌"的思想已流传千古；日本终身教育理论研究者认为，孔子是东方"发现和论述终身教育必要性的先驱者"。庄子也述及终身教育的必要性："吾生也有涯，而知也无涯。"这可以说是我国古代最早的"活到老，学到老"的关于终身教育思想的萌芽。

从现代知识经济社会发展的要求和个体自身发展的需要，每个人都必须终身学习和终身接受教育。终身教育无论是作为一种思想理念还是教育实践，它正在经历从满足个人或社会对教育的转向的应急需要，转变为适应个人或社会对教育价值的多向取向的长远需要；从被动地选择教育转变为自觉地追求教育的发展过程。这是一个长期的过程，也是现代终身教育体系形成并走向成熟的必经之路。

2. "三全一多"的理念

"三全"是指全过程、全方位、全员性，"一多"是指多样化。全过程是指贯穿于教学的全过程；全方位是指与人才培养有关的所有工作的质量，或者说是指全校的各个系统、各个部门、各个单位的工作都直接或间接地围绕教学这一总目标而工作；全员性是指各个部门、各个单位的全体教职员工都要参与其中。任何一种质量管理最终都要落实到人，要以人为本，调动每一个人的积极性和创造性，并要强化团队精神，加强凝聚力和合作力。学校每一个系统的每一个员工的工作质量都将影响到人才培养的质量，每一个工作岗位都要参与到教育教学质量管理工作中来，把学校制定的人才培养质量目标层层分解，落实到各部门、各环节，直到每个岗位，建立各种规范标准，让全体员工都参与到质量管理的过程中。

3. "以人为本"的理念

"以人为本"的教育理念作为一种教育哲学观，是高校的教育理念和素质教育观的实质所在，只有从这个根本点上去理解和把握它的精神实质，才能在教育评估工作中更好地体现评估为教育服务的宗旨。马克思主义认为，人首先是一个自然存在物，具有自然属性。但是人不是自然存在物，更重要的是人也是社会存在物，具有社会属性。因此，人的本质是一切社会关系的总和。此外，人还是有意识的，具有精神属性。宋代著名思想家朱熹说："大学者，大人之学也。"这里的"大人"指的就是成熟的社会人，能担负重大责任的人；在对学校的重大事项做出决策时，都要"以培养人才为中心"。因此，教学评价或评估，要贯彻"以人为本"的教育理念，重在培养高质量、高素质人才的教学过程和教育成果上。

（四）高校教学评价系统的要素理论

按照系统论的观点，系统是由多种要素相互联系、相互作用而形成的有机体。关于教学评价系统的构成要素主要有"三要素说""四要素说""多要素"。"三要素说"认为评价系统是由评价者、评价对象和评价手段三个基本要素构成的，教学评价主体一般由政府、学校构成，评价对象主要是教师和学生，评价手段采用评价表进行量化评价。另外，还包括非基本要素，如评价目的、结果等。"四要素说"认为评价系统是由评价主体系统、评价客体系统、评价目标系统和评价参照系统四个子系统构成。无论是"三要素说"还是"四要素说"，他们所包含的内容和思想都是基本相似的。

一个完整教学评价系统应是由评价客体（对象）和评价中介或评价手段（包括评价方法、评价技术、评价工具、评价指标体系、评价模型、评价程序、评价信息、评价法规制度等）多个相互联系、相互作用的要素或子系统组成的社会系统。

高校教学评价主要构成要素一般包括政府、公众、学校、教师、学生、中介机构等，是一个多因素的综合体。从外部视角开展的宏观监控和管理的教学评价主体主要以政府、公众、中介机构为主体；而内部质量评价则以学校、教师、学生等为主体。高校的教学质量评价工作也主要分为两种类型——对教学主体的评价和学生课堂检测效果的评价。由于高校教育的专业性较强，学科纵横交叉，高校职能综合性等诸多特性，教学评价的复杂程度成为社会活动中最难精确化和量化的部分。高校教学评价产生于高校教育自身发展的需要，是高校对教学工作理性反思的重要手段。

评价内容包括办学效益和效度方面，概括起来包括：①办学条件和办学设备的效用。办学条件、设备是教学活动运行的基础。良好的办学条件、优良的设备是高质量教学生成的前提保障。对条件和效益的评价目的，一方面在于促进学校和管理部门加大教学软硬件投入，提高资源利用率；另一方面，不断改善办学条件和教学设施，充分发挥办学条件的可能性效用、实性效用。②学校教学运行机制的效率。运行机制是高校教育教学实施过程的依托，包括教学管理的机构体系、职能体系、人员体系、制度体系，对教学运行机制进行评价，能提升计划教学，执行计划对于教学改革措施的运作效率，教学管理制度能促进教学发展的效率。③学校人才培养模式的效果。人才培养模式是资源配置的方式、教学条件组合的形式和教学手段运用的总和，是一所高校教育教学思想和观念最为集中、最为典型的表征。评价学校人才培养模式，主要是评价这种模式在实践中实施的效果。④办学传统与特色的效应。办学传统和特色是高校教育教学的灵魂和基石，决定学校办学的品位、层次和特点，是学校的优势所在。学校的办学传统和特色以效应的形态让人们感受和意识，对它评价的同时就是对它效应的评价。

（五）教学评价过程的非制度因素

1. 在活动初始阶段，由于参与身份的不同，呈现不同的心理需要

（1）角色心理

人们在社会活动中由于担负着一定的角色而形成的一种角色心理。评价者在教学评价活动中往往以显示其身份、专门知识、品质、爱好和特长来要求评价对象，如果这种要求

与评价指标、标准相一致，就能对评价起积极作用；如果超出评价指标的要求，就可能影响评价的客观性。例如，在设计评价方案时，评价者容易从其职业、兴趣、特长出发，表现出不同的价值取向。最明显的是学科专家、教育理论专家往往偏重方案的理论依据和科学性，而实际工作者则倾向于方案的可行性和实践性。

（2）心理定式

这是由一定的心理活动所形成的常规、模式化的心理状态。在评价准备工作中，各人往往按各自心理来表达其意见，从而影响评价方案的客观性和创新性。

（3）时尚效应

这是指对新颖、时髦事物或观点追求的心理现象。在追求时尚中，顺从社会潮流，接受多数人热衷的思想或观点，影响评价的正确方向。

2. 在评价实施阶段评价者的复杂心理活动会因个体差异导致不同结果取向

（1）首因效应

首因效应也称第一印象效应，指的是评价者因对评价对象的最先印象比较强烈，便在其后的评价过程中，总是"先入为主"地左右自己的评价思维。从而影响对评价对象的正确评价。

（2）近因效应

近因效应指的是最近获得的信息对认知产生的强烈影响。因为，个体对新近获得的信息往往感觉最新鲜、最清晰，其作用往往会冲淡过去获得的印象。这种近期效应会影响对评价对象全面的、正确的评价。

（3）晕轮效应

晕轮效应又称光环效应，它是评价者因对评价对象的某些特征产生强烈或深刻印象，且会弥散到其他方面，形成"总体印象"。

（4）参照效应

参照效应又称对比效应，它是评价者对一些评价对象的强烈印象会影响对其他评价对象的判断。

（5）理想效应

理想效应又称求全效应，它是指评价者总是以对评价对象所持有的完美先期印象，来衡量评价对象的现实行为表现。

（6）趋中效应

它是指某些评价者在评价时避免使用极值（最大值、最小值），大多取中间分值或中间等级，如较好、一般等。

3. 在评价结果处理阶段，参与评价主体的心理倾向同样会导致结果的偏差

（1）类群效应

评价者和评价对象属于同一类别或同一类群体，如同行、同事、同学等，有较强的相互理解、认知基础，容易产生效应关系。

（2）亲疏效应

亲疏关系会使评价带有较多的情感因素，产生亲疏效应。对亲近者容易看到长处，给予偏高的评价。而对疏远者则容易看到缺点，给予不适当的评价。

（3）从众心理

研究表明，从众心理和从众行为的产生取决于情境因素和个体因素。从众心理也是评价者的一种保护心理。

（4）威望效应

这是评价小组内有威望者的态度对他人观点的形成所产生的显著影响。威望者可能是学术方面的权威，也可能是权力方面的权威。

（5）本位心理

这是指评价者坚持本部门（本专业领域）的利益和价值观的心理倾向。评价小组成员来自不同部门，在评优或进行综合评价时，各方代表强调本部门的优势或成果，这种心理影响评价的客观性和公正性，甚至还会影响评价内部的团结和合作。

（6）模式效应

这也是一种心理作用。即评价者依据对评价对象群既有的印象（经验模式）来进行对评价对象现实教学的价值判断。

（六）高校教育教学评价的应用创新实践

从近几年的评估实践看，现行的评估方案对于促进学校的教学工作、提高教育质量发挥了比较好的作用。在充分肯定教学评估取得成绩的同时，我们也认识到，在我国开展大规模的高校教学评估实践中还存在许许多多的问题或不足。用一个评估方案评估所有的学校本身确实有针对性不强的问题，有待完善。另外，有的评估指标设计可操作性较差，导致专家在考察评估过程中难于准确把握。总之，根据不同层次和类型的高等学校的特点，制订不同的评估方案，以加强分类指导是当务之急。高校教育评价体系应该建立一套适合这种院校发展的评价机制，鼓励其找到自身发展的位置和方向。

高等学校教学质量主要是指在高等学校教育活动中的人才培养质量。高等学校为了满足社会和个人发展需要，设置教育教学目标并采取一系列措施保证目标的实现。院校教学

工作评估属于水平评估，因此科学合理地设置教学型院校教学质量评价指标体系很重要。从国内外文献中可以梳理出各类高校本科教学质量的诸多关键因素，例如教学理念、办学定位、本科教学水平评估、教学质量内部监控体系、教学与科研的结合、教师发展与教师队伍建设、招生方式和生源质量、学风、课程建设、人才培养模式、学科建设、教育方法改革、教学管理、教学设施和条件、国际化等。这些因素或虚或实，影响作用有大有小，有的是直接影响，有的是间接影响，需要我们抓住影响教学型院校教学质量的主要因素，从而设置关键性的评价指标。如果说研究型高校要力争构建探索型的教育，这种探索精神把高校的教学和科研结合起来，使教学应该表现出较强的科学研究特色，高校要紧紧围绕教学这个核心展开。影响高校的主要因素可以考虑以下几个方面：办学定位和办学特色、人才培养目标与计划、师资队伍与教学水平、教学条件与利用、专业建设与教学改革、教学管理与服务、学生的学习、教学效果等。

（七）评价的创新与趋势

1. 统一性与多样性并重

高校治理的国际新趋势是在扩大高校自主权的同时，强化问责机制，加强对高校的质量与绩效评估。我国教育部今后仍将扎实推进由高校教育评估中心组织的高校教学评估工作。在高校多样化背景下，我国将实施分层与分类评估，在评估中注重高校办学特色。如将高校分为研究型、教学型、高职高专、民办学院四类，或按归属性质和层次分为省属重点高校、普通本科院校、民办学院等。同时，在评估的参与上将形成政府、学校、用人单位、专业团体与社会人士、中介机构等广泛参与，形成高教质量保障的共识。在评估的类型上，综合评估、机构评估与学科专业（专题）评估相结合。在评估的性质上，比较性评估与发展性评估并重，前者侧重于鉴定等级；后者侧重于发现问题，找出差距，改进教学。

2. 校外保障体系与校内保障体系结合

内部质量保障体系是高校教育质量保障体系的主体和基础，外部保障体系是社会监督。内部评估（自我评估）与外部评估相结合，加强问责制是各国高校质量保障的共同趋势。高校评估强调外部评估与自我评估相结合，建立了制度化的高校自我评估制度，有明确的要求和指标，如自评报告要公布，强调高校自评要突出办学特色、个性特征。欧洲各国几乎都建立了高教评估机构，制定通过《欧洲高校教育区质量保障标准与指南》，适用于博洛尼亚进程参加国的所有高校，内容包括高校的内部与外部质量保障，评估的目的是改善欧洲高校教育质量，为高校自身的质量管理与提高提供支持，构筑质量保障机构自身业务的基础。高校内部质量标准包括质量保障的方针与程序；教学计划与授予学位的认可、监督与定期审查；学生的评价；教师的质量保障；学习资源与对学生的教学服务；信息系统；信息公开。外部质量保障方式包括：学校的办学资格认证；学院和专业认证；学校、学院、专业的声誉排名；学校内部质量保障体系审计；全国性专项调查（如新生教育调查、毕业生调查等）；专家资格认证、全国质量系统规划与建设等。我国要加强高校自我评估，使其制度化、义务化、指标化、特色化、公开化，进一步增强高校自身质量保障的自觉性。

3. 教育投入、教育过程与教育产出并重

教育输入主要是指教育资源与生源。教育过程是人才培养的过程，主要考察教学计划、教学管理、教师管理、教学质量控制制度等方面。教育输出主要考查学生的成长、人才的质量和毕业生的就业与专业表现。目前，在评价高校的教学质量与进行专业评估时，评估指标对教育投入、教育过程和产出因素并重。评估从重视硬件到重视软件，开始关注教师"教"的能力，学生的学习过程和收获。

4. 院校的教学质量评价要重点关注的两个方面

（1）人才培养质量评价要充分关注教师"教"的能力

我们说教学过程是一个以认识活动为起点，通过掌握他人和前人的间接经验、发展能力、直接经验和态度倾向的过程。教学过程是师生双方共同的活动。高等学校的教学活动是一种特殊的认识过程，具有专业性、独立性、创造性、实践性等特点，其成败在很大程度上取决于教师"教"的能力，需要教师根据教学内容和教育对象妥善地选择合适的教学方法。因此，对高校教师教学评价要着重体现其进行研究性教学、探究式教学、创新实践教学、思想教育等方面"教"的能力。在探索教师教学评价指标体系时，要明确评价内容，如教学评价内容要体现时代要求，体现教师是否激发学生的兴趣，是否调动学生的主动性，是否有助于发展学生的潜能，是否授予研究方法和学习方法。还要重视对教师教学评价的反馈，提高教师"教"的能力，对教师给予直接帮助。为了提高教师教的能力和水平，对教师给予及时的帮助和训练指导是必需的。

（2）人才培养质量评价要充分关注学生"学"的能力

①要重视对学校人才培养目标的评价

学校要制定明确的教育产出目标，明确培养出何等质量的毕业生，并使学生知道，自己进入了怎样的学校，进了学校可以得到怎样的培养和训练，毕业时可能成为怎样的人才等，使学生懂得在高校学习，不仅要掌握知识，而且要培养良好的道德品质、创造精神与能力、批判思维、全球视野、优质专业训练、终身学习的能力。学生心中有"质量"标准，就会遵照执行并主动积极地参与评价。

②要重视对学生学习能力的评价

美国已有越来越多的学校把自己的 NSSE 数据挂上了美国学校排行榜，成为美国国内高校选择的重要参考。NSSE 已成为美国高校教育质量评价新风向标。此调查指标主要包括五类：学习的严格要求程度、主动合作水平、师生互动水平、教育经验的丰富程度和校园环境的支持程度。调查采用学生自我报告行为和观点的方式进行。因此，院校为了提高学生的学习能力，要提供条件，创设支持的环境，让学生在学校教育中、在社会生活中去感受、感悟，增强学生学习的主动性和合作水平，从而获得教育经验和提高自我教育的能力。

③要重视学生创新、实践能力的评价

创新、实践不能停留在书面和口头上，也不是仅仅开设几门课程，而应自始至终贯穿于教育教学的全过程。要探索有效的评价方式和方法，使实践创新能力的培养成为广大教师、学生自觉的理念和行为。

第三章 "互联网+"背景下高校课堂的教学模式与改革实践

第一节 "互联网+"背景下高校课堂的教学模式

一、基于项目的学习模式

基于项目的学习模式作为一种教学模式，近年来受到各国或地区教育者的关注。基于项目的学习模式是以学习研究学科的概念和原理为中心，以制作作品并将作品展示给他人为目的，在真实世界中借助多种资源开展探究活动，并在一定时间内解决一系列相互关联着问题的一种新型的探究性学习模式。

基于项目学习模式的最大特点就是在把学生融入有意义的任务完成过程中，让学生积极地学习、自主地进行知识的建构，以现实的学生生成的知识和培养起来的能力为最高成就与目标。基于项目的学习模式实质上是一种基于建构主义学习理论的学习模式，其强调学习应在合作中进行，在不断解决疑难问题中完成对知识的意义建构。

（一）基于项目的学习模式的基本要素

基于项目的学习模式强调对学生动手能力的培养，强调"经验""学生"和"活动"这三个中心，并在活动中培养学生的学习能力。基于项目的教学模式采取"做中学"的方式，通过各种探究活动、作品的制作来完成对知识的传授。基于项目的教学模式强调现实、强调活动，与杜威的实用主义信息化教学概论义务教育理论是一致的。

基于项目的学习模式不是采用接受式的学习，而是采用发现式的学习。学生首先对问题提出假设，做出解决问题的方案，其次通过各种探究活动以及所收集的资料对所提出的假设进行验证，最后形成自己解决问题的结论。在这一系列的学习过程中，学生不断地发现知识，并累积和建构新的知识。基于项目的学习模式主要由内容、活动、情境和结果四大要素构成。

1. 内容——学科的核心观念和原理

基于项目的学习模式所研究的主要内容是现实生活和真实情境中表现出来的各种复杂的、非预测性的、多学科知识交叉的问题。

（1）内容应该是现实生活中的问题

首先是关于现实生活中的一些真实的问题；其次是完整的而非知识片段，即强调知识的完整性和系统性；最后是值得学生进行深度探究，并且学生有能力进行探究的知识。

（2）内容应该与个人的兴趣一致

这样才能使学生对即将开始的话题和所关心的事情产生学习的动力。其中包括对复杂的话题和论点发表自己的观点，学习与他们兴趣和能力相一致的问题，从事当前、当地与兴趣相关的话题研究，从他们的日常经历中获得学习的内容。

2. 活动——生动有效的学习策略

基于项目的学习模式的活动主要是指学生对采用一定的技术工具（如计算机）和一定的研究方法（如调查研究）解决面临的问题所采取的探究行动。在基于项目的学习模式中，活动具有如下特征：（1）活动具有一定的挑战性；（2）活动具有建构性，由于基于项目的学习模式允许学生建构知识并生成自己的知识，所以他们很容易对知识进行记忆和迁移；（3）活动应该与学生的个性一致。

3. 情境——特殊的学习环境

在基于项目的学习模式中，情境有如下作用：（1）情境促进个人与个人之间以及个人和社会团体之间的合作。基于项目的学习模式比其他学习模式更能给学生提供丰富的、更具真实性的学习经历，因为它是在社区环境中进行的。在这种情境中，学习和工作需要相互依赖和协作。这种环境同时也促使学生防止人际冲突并且解决人与人之间的冲突。在没有压力、真诚合作的环境中，学生们对发展他们的能力充满了自信。（2）情境鼓励使用并掌握技术工具。项目情境为学生学会使用各种技术（如计算机技术和图像技术）提供了一种理想的环境，这样就拓展了学生的能力并为他们走向社会做好了准备。

4. 结果——丰富的学习成果

基于项目的学习模式可以促进学生掌握丰富的工作技能并将这些技能运用到终身学习中。该项目的重点是获得特殊的技能，如传统的写作技能、语言技能和评判性思维的能力。同时，该项目的特有作用是使学生更多地去倾听和评价他们所不赞同的观点。

(二) 基于项目的学习模式过程阐述

1. 选定项目

在基于项目的学习模式中，项目的选定很重要，它应该完全根据学生的兴趣来选定，同时又要考虑如下情况：首先，所选择的项目应该和学生日常的经历相关，至少要有部分学生对该项目比较熟悉。这样的话，他们才能对项目提出一些相关的问题。其次，除了基本的文化素养以及一些技能外，项目应能融合多门学科，如科学、社会研究以及语言艺术等。再次，项目的内涵应该是丰富的，从而可以进行至少长达一周时间的探究。最后，选定项目应该更适合在学校进行检测。总之，在基于项目的学习模式中，教师应该充分考虑学生现有的知识经验和能力水平，以及学生通过努力是否有可能达到项目学习的目标，解决项目中所出现的各类问题。

项目的选择由学生来进行很重要，教师在此过程中仅仅作为指导者。也就是说，教师不能把某个项目强加给学生，教师所起的作用是对学生选定的主题进行评价，即选定的主题是否具有研究价值，以及学生是否有能力对该项目进行研究。根据评价的情况，如果有必要的话，可对学生选定的项目进行适当的调整；如果没有必要的话，建议学生对项目进行重新选择。

2. 制订计划

项目计划就是对项目活动过程的详细规划。它包括学习时间的详细安排和活动计划。时间安排是基于学生对项目学习所需时间的一个总体规划而做出的一个详细的时间流程安排。活动设计是指对基于项目的学习模式中所涉及的活动预先进行计划。

3. 活动探究

这一阶段是项目学习的核心或主体部分。学生大部分的知识内容和技能、技巧都是在此过程中完成的。活动探究是学习小组直接深入实地的调查和研究，它通常包括到户外活动，对必要地点、对象或事件进行调查研究。

在调查研究的过程中，学生对活动内容以及自身对活动的看法或感想进行必要的记录，提出解决问题的假设，然后借助一定的研究方法和技术工具（此过程中，学生的研究方法和技术工具相当重要）来收集信息，并对收集到的信息进行处理和加工，对开始提出的假设进行验证或推翻开始的假设，最终得出问题解决的方案或结果。

4. 作品制作

作品制作是基于项目的学习模式区别于一般活动教学的典型特征。作品制作往往和活动探究交融在一起。在作品制作过程中，学生运用学习过程中所获得的知识和技能来完成作品的制作。作品的形式不定，可多种多样，如研究报告、实物模型、图片、录音、录像、电子幻灯片、网页和戏剧表演等。该作品反映了他们在项目学习中所获得的知识和掌握的技能。

5. 成果交流

学生作品制作出来之后，各学习小组要相互进行交流。交流学习过程中的经验和体会，并且分享作品制作的成功和喜悦。成果交流的形式也多种多样，如举行展览会、报告会、辩论会、小型比赛等。在成果交流的过程中，参与的人员除了有本校的领导、教师和学生之外，可能还有校外来宾，如家长、其他学校的教师和学生以及上级教育主管部门（如教育局）的领导和专家等。

6. 活动评价

活动评价是基于项目的学习模式与传统教学的一个重要区别。在基于项目的学习模式中，活动评价要真正做到定量评价和定性评价、形成性评价和终结性评价、对个人的评价和对小组的评价、自我评价和他人评价之间的良好结合。

活动评价的内容主要有课题的选择、学生在小组学习中的表现、活动计划、时间安排、成果表达和成果展示等方面。对结果的评价要强调学生对知识和技能的掌握程度情况，对过程的评价要强调对实验记录、各种原始数据、活动记录表、调查表、访谈表、学习体会等的评价。

评价可由专家、学者以及教师来完成，也可以由同伴或者学习者自己来完成。教师可以观察学生在项目学习过程中所运用的技能和知识，以及运用语言的方法。学生可通过评价来反映他们自身以及同伴的工作和工作流程、小组的工作情况如何，他们对工作和工作流程感觉如何、他们获得了哪些知识和技能。另外，反映工作、检查流程以及明确重点和弱点知识区域都是学习过程中的组成部分。

二、基于网络的协作学习模式

基于网络的协作学习模式，是指利用多媒体技术和计算机网络等开展的协作学习。而协作学习是一种信息交流过程，学习者在学习过程中将探索发现的信息和学习材料与小组中的其他成员共享，甚至可以同其他组或全班同学共享。为了达到个人和小组的学习目标，可以采用对话、商讨、争论等形式对问题进行交流、沟通。

（一）基于网络的协作学习模式概述

1. 协作学习

协作学习是在 20 世纪 70 年代初兴起于美国，20 世纪 80 年代中期取得很大发展的一种教学理论与策略。它是指通过小组或团队的形式组织学生进行学习的一种方式。它是学习者在共同的目标和一定的激励机制下，为获得最大的个人小组学习成果而进行合作互助的学习方法。其模式是指采用协作学习组织形式促进学生对知识的理解与掌握的过程。协作学习通常由四个基本要素组成，即协作小组成员、辅导教师、协作学习环境、协作学习过程。

协作学习强调整体学习效果，同时关注学生个性的自我实现。每个协作成员都是学习过程的积极参与者。教师设置的小组共同目标保证和促进学习的互助合作，鼓励学习者各抒己见，并以小组的总体成绩来评价每个成员的成绩。所以协作小组中的每个成员都对他人的学习作出了自己的贡献，也可以说，个人学习的成功是以他人的成功为基础的。因此，协作学习不仅要求学生对自己的学习负责，还要关心和帮助他人的学习。

2. 基于网络的协作学习

基于网络的协作学习（CSCL），是指利用计算机网络以及多媒体等相关技术开展的协作学习。它是一种特殊的协作学习。在此学习过程中，多个学习者针对同一学习内容通过计算机网络平台建立交互和合作的关系，以达到对教学内容比较深刻的理解与掌握。在网络的协作学习中，计算机网络具有快捷性、交互性、超时空性以及对资源的可共享性，因而网络环境下的协作学习除了具备非网络环境协作学习的特点外，同时还具备以下特点。

（1）突破了时空限制

网络打破了传统的班级、年级、学校的界限，打破了时空的局限性。就协作范围而言，网络协作学习突破了学校的空间局限，打破学校束缚，协作范围可以从班上的小组到整个班级以及班与班之间、年级与年级之间甚至校与校之间。这使协作学习真正变成了一种大环境下的学习，极大地促进了社会学习化和学习社会化。就时间因素而言，网络的异步交互功能实现了异步协作，使学习者不必受时间限制，可以更好地完成协作任务。

（2）教师对小组学习活动干预程度较低

在基于网络的协作学习过程中，教师角色相对于传统教育中的角色有了很大的变化。这种变化主要集中在对各小组学习成果进行评价总结，对学习中的一些问题给予必要指导，而对小组在网络上的学习过程不过多干涉。这使学习者拥有了更多的选择性和灵活性，更容易促进个性化学习的开展。

（3）方便资源共享

协作学习中的成员为达成小组目标，需要不断地交流信息和分享资源。计算机网络技术的发展已经使全球资源共享成为可能，利用搜索引擎等工具，可以快速获得大量的学习资料，并且通过网络实现学习小组内资源共享。

（4）协作形式多种多样

通过计算机网络，学生可以通过即时通信软件、论坛、聊天室、留言板等工具，方便与相距较远的教师或同学开展多样的沟通，自发地制订合作计划，开展讨论，共享合作成果。

（二）基于网络环境的协作学习模式建构

网络信息具有非线性的组织形式、多媒体化表现方式、大容量的信息存储、便利的交互性等优势，这些都有助于学生认知策略的形成。因此，在建构基于网络的协作学习模式时应充分考虑和利用网络技术的这些优点，尽量把网络的优点和协作学习的优点结合起来，在考虑到各种教学因素（如学习者、任务、情境等）的同时，还要考虑到网络的干扰因素。

（三）基于网络环境的协作学习模式要素分析

1. 确定协作学习目标

首先，要对即将开展的学习内容进行选择，选择适合运用协作学习开展的学习体系。其次，先确定小组协作学习的整体目标，即组目标，然后可根据学习内容的特点或者是学生的个体发展需要，将整体目标分解成子目标，或者提出学习者的个人目标。在这个环节中，要注意个人目标或子目标与组目标的关系设定，二者之间要紧密联系，特别是个人目标要成为实现整体目标的必有因素，这样既有助于促进学习者的自主学习，实现个人发展，同时又能够提高学习者参与协作学习的积极性。

协作学习可以促进学习者的应用、分析、评价等高层次目标的实现，因此在设计整体目标时不能只把目标局限于某一门课程或者某一方面的知识，而应该在确定某方面的核心内容的同时，将涉及的相关内容有效融合，从而促进学生的全面发展。

2. 建立协作学习小组

基于网络的协作学习是一种以小组为单位的学习方式，每个学习者都处在特定的团体中，都有特定的协作伙伴，因此科学合理地组建学习小组是实施网络化协作学习的必要前提，也是保证学习顺利开展的关键要素。协作小组可以由教师组建，也可以在协作学习目标的指导下由学习者自由协商构成。在学生自由组合时，教师要给予适当的指导和帮助。常见的协作小组有异质分组、就近分组、分层分组、同质分组、自由搭配等几种常见的分组方式。具体要根据学生的学习特点、所处地域、学习基础、个人特长、兴趣方向或性别等标准进行划分。无论以何种方式划分，都要体现互补互助、协调和谐的原则，小组成员间要有良好的人际关系和信赖程度，有时为了方便管理，会确定小组负责人，但是小组成员的权利是平等的。

3. 创设协作学习环境

良好的协作学习环境可以促进小组成员集体归属感的建立，从而促进小组成员之间形成融洽的、多元的协作关系。学习环境通常包括硬件环境、软件环境和资源环境三个方面。硬件环境主要指学习者必备的计算机、计算机网络。软件环境指学习者在协作学习过程中所使用的软件工具，如论坛、聊天室、留言板、搜索引擎等。这前两种环境都比较容易实现。资源环境作为最重要的部分，也是人们最关注的。在设计资源环境时，要先了解网络资源的特点，要围绕学生的需要来组织教学资源。有条件的学校可以把学习资源事先下载到校园网的资源中心，根据协作学习过程中知识掌握的需要，学生可以直接从校园网资源库中查询所需要的信息资源。

4. 协作学习活动设计

协作学习活动设计阶段就是指通过小组成员讨论、协商或者是教师指导而建立初步的协作学习计划，从而保证基于网络的协作学习的进度。在设计过程中要考虑每个学习者的具体情况，并根据协作学习中的个人目标或者子目标的序列关系，制定出协作学习的工作阶段。

5. 协作学习活动实施过程

协作学习活动实施过程，就是按照上一环节设计的小组学习计划开展学习，但是在具体实施过程中，学习者可以根据小组需求、个人需求以及教师的意见调整和修改前期计划，从而使协作学习活动得以有效实施。在具体的实施过程中，教师很少介入学生具体的学习过程，但必须要加强对小组协作学习过程中的指导，在协作学习中起到督导作用。教师可以根据学习者提供的协作学习计划检查小组学习的进度与成果，通过论坛、电子邮件及时布置有针对性的作业，检查作业，引导小组开展讨论，等等，从而深入地引导学生学习。

6. 评价协作学习结果

学习评价是检验学习是否达到目标，促进和完善协作学习活动的重要环节。对学习结果的评价应采用多种形式，促进全面真实的评价。要做到评小组与评个人、他人评与自己评、组内评与组外评相结合。当小组的学习阶段完成后，教师要及时对该小组的学习结果进行评定，评价的方式可以采用传统的考试、测验等方式，也可以采用成果展示、任务完成等新型方式开展评价；小组之间可以采用质疑提问的方式开展互评与自评；小组成员间也可以开展互评与自评。

7. 教师指导

教师指导并不是针对某一特定环节，或者某一特定工作，而是贯穿在从准备到实施再到评价的整个过程中。在每个环节教师都能体现其指导作用。教师虽然不直接参与学习者的具体学习过程，但是要随时监控学习者的学习进程，保证学习的良好进行，从而保证学习效果。

（四）基于网络环境的协作学习应注意的问题

1. 重视线下活动的重要性

基于网络的协作学习并不是所有的学习过程和学习活动都是在线上进行的，所以不能片面地认为这种学习就是让学生上网学习。学习者接触主题、制订计划、小组分工、深入研究等活动都是可以在线下开展，因此在开展基于网络的协作学习中要注意线上、线下相结合。

2. 加强真实感协作活动

基于网络的协作学习，学习者之间的交流和沟通大多数是通过网络进行的，学习者与他的协作伙伴间不易建立真实的亲近感，容易造成协作小组凝聚力不强，从而难免会影响学习效果的情况。因此，可以利用虚拟技术模拟实体小组，小组成员可以拿自己的照片、兴趣爱好等进行交流和发布，让小组成员有身临其境之感，促进成员之间的相互熟悉，增进成员之间的亲密感，以利于学习活动的顺利开展。

3. 凸显指导教师的主导地位

通过对基于网络的协作学习模式的探讨，可以看出教师在整个协作过程中的指导作用是不可忽视的，但是由于在基于网络的协作学习模式中师生通常是分离的，有时会忽视教师的指导作用，另外，部分教师只关心最后的评价，对整个的协作学习撒手不管，从而使学习者的学习变成"放羊式"学习，制约了学习效果的产生，因此教师要想办法凸显自己的主导地位，促使学习者积极地学习。

第二节 "互联网+"背景下高校课堂教学模式改革实践

随着我国高等教育改革的深化，作为高等院校教学工作重心的课堂教学也在积极探索改革的方法，以适应信息时代对高素质专门人才和拔尖创新人才培养的需要。特别是在"互联网+"的背景下，高校课堂教学与传统的课堂教学相比存在很多差别。这就要求新时期高等教育的课堂教学模式要紧跟时代的步伐，改革现有的教学模式，实现教学能力和水平的全面提升。

一、高校课堂教学模式变革的动因

(一) 传统课堂教学模式的现状

传统的课堂教学模式以教师讲、学生听为特点，当下大学生多为"00后"，他们有个性、有想法。面对"00后"的大学生，传统的授课模式已经无法满足学生的个性化需求，导致"教师授课热血沸腾，学生听得昏昏欲睡"。通过观察，我们会发现大学课堂的很多怪现象，如上课睡觉、大量"低头族"、交头接耳等。这些现象说明传统课堂教学是无效的，教学效果不佳。互联网的普及和4G时代的到来，对高校课堂教学产生了重要的影响，探索网络时代大学课堂教学模式变革的重要性愈加凸显。

(二) 学习模式的转变

传统的学习模式下，学生获取知识或信息的途径仅限于教材、课堂，随着互联网的快速发展以及智能手机的全面普及，信息的瞬间传播成为一种生活常态。当下，互联网成为信息与知识的主要来源。在互联网的冲击下，学习者可以在任何时间、任何地点获取海量的信息。学习不再是被动接受知识的过程，而是作用于环境的信息理解和知识建构。因此，教师必须调整自身定位，成为学生学习的伙伴和引导者。这种新型的学习模式给传统的课堂教学带来了挑战，为学习者提供个性化的学习指导，已成为高校教学模式变革的原动力。

(三) 大规模网络开放课程的兴起

伴随互联网与高等教育的深度融合，网络开放课程不断涌现。一是国际性慕课的出现，即国外大学公开课引发了翻转课堂、微课等新型教学模式的探索。慕课的崛起，开启了信息时代学习的新时空、课程的新天地。二是来自"爱课程"的中国大学优质共享课程的建设与开放，展示了中国大学视频公开课的优秀成果。学生可以随时进入这些开放课程浏览学习，免费享受共享课程的学习体验。成功的慕课，要求教师成为一名优秀的课程设计师和出色的演讲家。教师既要像电子游戏的设计师一样环环相扣地设计课程环节，又要像演讲家一般将每一个环节都生动形象地讲授出来。因而，在大规模开放课程的冲击之下，照本宣科和满堂灌式的课程将失去立足之地。

二、"互联网+"时代高校课堂教学模式的意义

"互联网+"是将互联网技术与传统行业技术相互融合、相互整合而发展的一种新形态和新业态。"互联网+"对提高高校课程教学质量和人才培养质量具有重要的意义。"互联网+"使高校教育的生态环境得到了改善，使高校传统教育焕发出新的活力，也为高校教育教学发展带来新的契机。"互联网+"使高校的教学模式从封闭走向开放，实现了高校"教"与"学"的深度融合，高校学生学习的主观能动性得到了极大提高，师生良性互动显著增强。

三、"互联网+"背景下高校课堂教学模式存在的问题

（一）授课方式单一

在教学过程中主要的组织形式还是班级授课，教学方式仍以传统讲授为主。这种"填鸭式"的教学模式能帮助教师在短时间内高效地完成本门课程的教学任务，教师在教学过程中的主导地位不容置疑，有利于教师对课堂和学生的管理。但是在"互联网+"的时代背景下，这样的教学模式太过重视理论知识的传授与指导而忽视了学生实践能力的培养与提升，对学生无法因材施教，导致理论与实践严重脱节，这显然不符合新时期教育发展的方向与目的。

（二）学生学习的主动性、积极性较差

学生在课堂中的表现是课堂教学成败的关键。正如苏联教育家苏霍姆林斯基所说："如果教师不想方设法使学生产生情绪高昂和智力振奋的内心状态，就急于传授知识，那么这种知识只能使人产生冷漠的态度，而不动情感的脑力劳动，就会带来疲倦。"在人力资源管理课堂中，多数教师仍采用照本宣科的授课模式，教师讲课方式缺乏激情，与学生

之间的沟通和交流较少，这就给学生留下了课堂枯燥乏味的印象，逐渐地失去了对课程的兴趣。而处于青少年时期的大学生自制力较差，但是他们对于新鲜事物和敏感信息兴趣浓厚，这就使得与枯燥无趣的讲课方式相比，他们会转而关注手机、计算机、课外书等一些娱乐工具，学习的积极性主动性自然会逐步下降。

（三）"教"与"学"脱节问题突出

在教学过程中，教师大多采用常规教学手段，占据了大部分的上课时间。而高校中对教师的管理较为宽松，多数教师基本上上完课就离开了，留给学生与教师的交流时间非常有限。除非教师专门辅导，否则大部分学生的很多问题都得不到及时解决，教师的教学成效很难真正有效地体现出来。"教"与"学"严重脱节。

四、"互联网+"背景下高校课堂教学改革路径的选择

（一）转变教学观念，构建以学生为主的教学模式

"互联网+"环境下倡导以学习者为中心，教师在教学活动中的主导地位发生了改变，由"教学"转变为"导学"，教师的角色由传道、授业、解惑者转变为学习者的向导、参谋、设计者、协作者、促进者和激励者，而这种转变使高校的教育模式必然会更加开放。在这种环境下，教师更应该注重学生应用能力和创新能力的培养，因此教师需要更高层次的教育教学能力，熟练掌握现代教育技术，充分研究教学的各个环节，才能适应"互联网+"环境下的新的教育需求。作为从事高校教育的教师，要学会适时转变教学观念，跟踪现代教育思想的发展，不断更新知识，提高自身素质，努力适应学习化社会的需求。

（二）转变学习方式，提高学生的积极性、主动性

倡导以弘扬高校学生的主体性、能动性、独立性为目标的自主学习，是目前高校教学改革的一个重要举措。首先，在进行自主学习的时候，学生要加强自我管理，清扫学习中的干扰因素，使用固定的学习区域、固定的学习时间，最终养成习惯并且固化。其次，加强合作互助式学习。学生可以建立学习小组、利用互联网建立讨论组、参加学习论坛、参加学校社团的方式进行合作互助式学习。通过合作互助增强学习效果，提高学习效率。最后，在自主学习中，学生要积极与教师沟通交流，这样不仅可以增强师生友谊，而且可以增强学生自主学习的效果。

（三）转变教育理念，营造有利的教学氛围

"互联网+"改善了高校教学资源分布不均、发展不平衡的情况，其教学方式不再受时间和空间的限制。在"互联网+"环境下，高校要转变教育理念，可以让学生通过跨校选课、学分互认、师资合理流动等方式实现优质课程资源的共建共享，为社会培养的优质的人才。"互联网+"为高校课程教学改革提供了新的机遇和挑战。"互联网+"时代的高校教师应当时刻把握互联网信息技术的发展与进步，才能更容易让新时期的学生理解和掌握自己所授的专业知识，真正实现教学效果的提升。

第三节 "互联网+"背景下高校混合式教学模式与实践

一、混合式教学的特点

（一）线上线下混合

线上线下混合即网络教学与传统课堂教学相结合，它打破了线上线下存在的界限。这是混合式教学的最表层含义。"互联网+"将通过一系列的应用技术实现有形教学与无形教学混合式的复式教学。线上教学与线下教学是两种浑然不同的教学形式：线上教学以互联网、新型技术、媒体为传播媒介；线下教学则侧重于传统的教学。二者虽然是不同的教学方式，但是其追求的基本目标是一致的，那就是高效地完成教学活动，促进有效教学的发生。混合式教学以教学平台为起点，教师、家长、学生、教学资源等要素均被联结起来，如果线上学习与线下学习过程处于割裂状态，则混合式教学将会流于形式，达不到我们所期许的理想状态，反而会适得其反，增加教师与学生的负担。

（二）教学理论混合

在教育学界尚不存在一种万能的、通用的，能适用于所有教师、学生教与学的教学理论。因此，我们应采取多种教学理论对教育实践与教育规律进行指导与探索。现阶段，影响较大的教学理论包括行为主义教学理论、认知教学理论、情感教学理论以及教育目标分类学等。每种教学理论都有其内在的优势及劣势，诸如行为主义与认知主义注重知识的传播与转换，即关注于"教"本身，较少地关注学生"学"的方面；而建构主义关注教学

设计，建构有利于学习发生的教学环境，在教师的教与学生的学两个方面均衡发力。教师应依照不同阶段制定的目标来采取与该目标相关的教学理论，这样既有利于教师主导作用的发挥，又有利于发挥学生的认知主体作用。教学理论中间从来都不是彼此对立、分离的关系，它们之间包含着一定的重合部分以及相互关联性。混合式教学的教学策略在运用教学策略的过程中，需要结合学习者的实际学习情况、教学目标、教学情境等因素，这样才能发挥其最大化作用。教学策略是教师从观念领域过渡到操作领域且介于理论和方法之间的中介。

（三）教学资源混合

教学资源混合可以从资源内容、资源呈现方式和资源优化与整合三个方面进行分析。

教学资源内容的混合。基于社会对于综合性人才的需求，学校更加重视对多样化、整合性人才的培养，文理互通、学科融合将是未来学科发展的趋势。混合式教学也包含对于教学资源内容的混合。学习者接收到的信息不仅局限于某一门学科，而是发散且有条理的知识体系，更有利于在学习过程中触类旁通。

教学资源呈现方式的混合。教学资源的呈现方式是多种多样的，资源的呈现方式应符合学习者的认知规律。传统书本式的知识呈现方式有利于学习者对于知识的系统性把握。一直以来，课本在课堂教学上发挥着不可替代的作用，其缺点在于：它阻断知识的流通，知识过于静止，利用率相对较低；知识以文字的形式呈现过于单一，不利于调动学习者的积极性与主动性。我们不可能完全摒弃课本，只有与新型的资源呈现方式结合才能弥补其不足。这种新型的资源呈现方式即虚拟资源呈现。在虚拟资源呈现中知识不以固定化的形态存在于课本上、黑板上，而是无处不在，无所不有，只有传统+新型的混合式知识呈现方式才能满足学习者对于各种资源的携取，实现其个性化发展。

教学资源整体的优化与整合。当线下资源与线上资源汇聚，形成庞大的知识库，在满足知识数量与共享的需求之后，继而遇到教育资源的低质、重复、分散、无体系等问题，又会形成新的资源浪费，因此，教学资源的优化与整合具有一定必然性。

二、混合式教学的本质分析

混合式教学是以关联、动态、合作、探究为核心的新型教学模式，有着区别于面授教学与在线教学的本质区别，下面将对混合式教学的本质予以分析。

（一）混合式教学是动态关联的耦合系统

混合式教学过程的各个存在要素组成了相互关联、互为影响的耦合系统。教师与学生双方都具有自我组织教与学的意识与能力，师生秉持共同目标，同时在一定质态、一定数量的教学信息激发下，使学习过程中产生的问题、障碍达成顺应、一致的过程，继而促进教学过程有序化。混合式教学中的在线教学部分和面授教学部分两者是优势互补关系，不存在谁替代谁的问题，它们具有共同的教学目标，即高效地完成教学活动。

（二）混合式教学是在线教育的扩展与延伸

混合式教学不同于以往的在线教育、网络教学，我们可以把它理解为在线教育或传统教育的延伸或扩展。首先，混合式教学将传统的教学优势与在线教学优势相结合，弥补了在教学过程中的在线教学与传统教学过程的缺失。单一的在线教学中面临的最大问题就是教师与学习者之间的互动交流缺失。因为在教学过程中师生交往互动是贯穿始终的，通过课堂、课下教师与学习者的互动交往可以及时得到反馈信息，便于学习者的询问、沟通、解疑、探究等系列活动的发生，该环节的缺失是阻碍网络教学进一步发展的最大障碍。另外，学习者的自控能力、信息处理能力、"网络教学就等于课件教学"等观念束缚也严重阻碍了在线教学的发展。从传统教学组织形式上来分析，资源相对单一，较难接触其他信息资源，在资源传播途径上稍显滞后。标准化模式也为学生的个性化发展产生了阻碍，统一进度、统一教学内容严重阻碍了学习者的个性化发展。基于两种教学模式的优势与弊端我们看到，将两种方式有机结合起来是最利于学习者学业、身心等多重发展的教学形式。

由上观之，混合式教学大部分是面授教学、在线教学二者的混合，无论是在教学空间、教学手段还是教学评价方式均是二者的折中部分。这样既避免了单纯在线教学的弊端，同时也扩展了教学途径。综合看来，与传统教学模式相比，混合式教学模式更加强调以学习者为中心，主张引入问题情境，重视自主探究式的学习方式，鼓励学生主动的意义建构，最后采取多元的评价模式对学习者进行多方面的评价。

（三）混合式教学以激发学习兴趣为主旨

混合式教学主要发掘学习者对于课程的兴趣为主旨，进而为了激发求知、探索、整合、创新等行为。教师在制作微课程、幻灯片、整合课程资源以及设计教学活动的过程中，应时刻以学习者的兴趣为基点，考虑学习者的个性特征与兴趣关注点，激发学生的创造力。所以，明确学习者的学习需求，找准兴趣点，才是混合式教学的根本任务。

三、"互联网+"对于混合式教学的意义

"互联网+"促进了信息的双向流动，解构又重构了教学模式与教育体系。它将处于

基础形态的传统教学与互联网融合起来，发展成"互联网+教学"的高级形态，从而充分发挥互联网教学的优势，改善教学模式，从原来"以教师为中心"的教学模式转变为"以学习者为中心"的互动教学模式。

互联网教学最为重要的手段贯穿于教育的始终，互联网将全球的顶尖教学资源最大化，它打破了时空的界限，使得核心的师资资源得到了解放，为教学赋予了新的定义——教学未必就是站在讲台上面对面地教学，教学未必就是学生坐在教室里听课，通过互联网技术平台亦可以进行在线教学，在家就能学习。同时，混合式教学仅仅是一种教学手段，却不是唯一的教学手段，混合式教学的具体与应用还需要教师、专家团队的进一步研究。

（一）打破信息不对称局面

当信息从教师传递给学生时，往往出现信息不对称的情况，继而影响教学的有效性。

信息不对称的情况可能是由于师生双方交流不畅引起的，也可能是由教师的指导方式不当、教学设备陈旧、学习者接受知识的方式差异而引起。当数字化教学资源以其零空间存储性、共享性带来的非消耗性、非竞争性等优势而存在时，数字化资源被贴上了公共性的标签。数字时代的学习越来越不需要依赖特定的时间与空间，师生之间信息不对称的格局逐渐被打破，同时中西部地区、城乡之间乃至不同国家间的信息不对称现象也会有所缓和。

对于学生—教师层面而言，学生不知而教师独知的信息不对称的教育格局正在被逐步打破，教师不再是唯一的信息提供源。正因为如此，学生获取资源的多样化途径使得教师如果没有专业的知识基础和与时代接轨的新知识储备，是难以完成教育传播的。

（二）激发教学的动态生成

互联网与教育的融合避免了纯在线教育"交往结构的非语言现象"的出现，也在极大程度上转变了传统教育静止、单一、机械，与客观学习相背离的教学情境。互联网与教育的深度融合是传统教育的成长与发展，它将过度一维化与平面化教学赋予了多维性与动态性。教学的动态性体现于信息资源的流通、多元的价值传递、自主选择性、多向立体互动等方面。

教学活动不仅是师生之间的施教与受教行为，更是一种信息资源的传递与流通。互联网是非定向的，教育也是师生、资源之间的胶着往来过程，因此，"互联网+教育"的模式也具有多态交错的新形态。

我们处于纵横交错的信息网络体系中，学习者、教师、资源以及由三者自由组合而成的团体、组织都被视为网络体系中的一个节点，这些节点在独立存在的基础上自由选择重组，相互建立形成联结关系，使教学过程呈现多向、非线性的发展。换言之，互联网的融入转变了知识的出发点与传递方向，扩展了学习发生的环境与格局，为教育发生创设了崭新的形态。

（三）推动教师教学与技术的专业化发展

互联网与教育相结合在一定程度上转变了教与学的方式，如何借助互联网教与学成为构建教育网络体系中至关重要的一环。首先，互联网的平台建设、在线授课形式的研究、运行模式变化等都对教师的专业化技能提出了更高的挑战，在一定程度上促进了教师教学与技术的双向发展。其次，教师角色与职责亦发生相应程度的转变。教师应扮演课程资源的开发者、引领学习者积极选择的导向者、互联网技术的先行者、为学生创设良好学习体验的开拓者，种种角色交相辉映，需要教师依据具体的学习情境选择最佳的角色。

"互联网+"大潮涌动，教育信息化大力推进，各地区大、中、小学都探索式在尝试混合式教学模式，以期运用技术的方式改变教学。然则，由于各种现实因素的限制，混合式教学还未在大范围普及开来。虽然翻转课堂、慕课、微课、电子书包、电子白板等系列项目层出不穷，但是与一线教师教学还未真正融合。

互联网+混合式教学旨在通过互联网的技术路径出发，为教师教学带来教学方式多元化、教学资源丰富化等系列教学体验，让互联网真正融合到一线教师的教学过程中。目前我们处于"互联网+混合式"教学的转型期，综合的教育生态尚处于变动时期，这就要求教师从自身的教学经验着手，选择具体的策略方法，在教学实践中找到线上与线下、课上与课下资源混合的新路径。

（四）打破在线教学与传统授课的单一桎梏

传统课堂教学是教师最为熟悉的一种教学形式。在有限的时间与空间内对学习者施教，其最大的优势在于能够在教师的指导下高效地、快速地进行知识传递，使得教学更加形象化，并通过培养学习者竞争与合作意识，发挥情感因素在学习过程中的重要作用。然而课堂教学存在的不足之处也难以解决：在教学内容上，其呈现内容相对单一，教材是主要的知识呈现途径；在教学方法上，过于整齐划一，"一刀切"的现象仍然存在，忽视了学生个性化；在教学规模上，由于受时间、空间的限制，教师教授的学生数量受限。凡此种种，皆值得做进一步的反思与思考。

网络在线教育借助网络的高信息传输速度，灵活多样的传播手段，可为学习者提供优质的学习资源。它打破了时空的限制，学习者可以根据自身的实际情况与知识储备量自定学习步调，从被动接受者转变为学习的积极探索者。网络在线教育的弊端在于，师生之间缺少面对面的交互，不利于情感交流，同时要求学习者有较高的自我控制能力与学习能力。

基于"互联网+"背景的混合式教学混合了传统授课与在线教学两种形式，取长补短，取二者优势的教学过程，从而达到更佳的教学效果。对于"是否所有的课程都适合用混合式教学的方式来教"这个问题，几乎所有教师都达成了一致的观点：在一门课程开设混合式教学的前提下，学生尚有足够的精力进行学习与交流；假设每个学习者一学期要修7~8门课，大家都进行混合式教学，学生的精力显然不够，效果反而适得其反。我们并不是仅仅为了迎合混合式教学的大趋势而机械地教，不是所有的内容都适合混合式教学这种方法，教师要根据授课内容选择合适的教学方法。在"互联网+"大环境推动之下，教师与学生都需要适应数字化的节奏与模式，二者缺一不可，尤其是学习者，要提升学习效率，学会如何分配时间，进行高效学习，这是网络时代对学习者提出的新要求。

四、"互联网+"背景下改革混合式教学模式的理论依据

(一)"互联网+"背景下混合式教学模式设计的理论基础

1. 关联主义理论

关联主义（又名连通主义、连接主义）是由乔治西蒙斯提出的符合网络时代发展特征的理论。学习（被定义为动态的知识）可存在于我们自身之外（在一种组织或数据库的范围内）。关联主义的学习发生在模糊不清的环境中，没有固定的要求和界限。关联主义理论是一种适用于数字时代的学习理论。其主要原理为：（1）知识存在于节点之上，不同节点之间存在强弱连接；（2）学习是将节点相互关联，构建内部网络的过程；（3）学习可以通过电子设备工具进行；（4）持续学习的能力比当前知识的掌握更重要（即渠道比内容更重要）；（5）时刻建立或取消不同节点之间的关联，使其知识体系动态发展起来；（6）提升搜寻有意义节点的能力及建立连接的能力；（7）学习的目的是促进知识的流通；（8）决策也是一种学习。

在知识观方面，关联主义认为学习活动就是为了促进知识流通。知识在一个交替流动的过程中得到不断的更新，它是动态流动的。知识的流动循环主要经由以下的几个方面：从某个人、群体或组织的共同创造开始，然后"分发知识—传播重要思想—知识的个性化实施—知识的创造"这样一个循环的过程，从而使我们的知识经历个性化的解读、内化、

创新。在知识流经我们的世界和我们的工作时，我们不能把它看作保持不变的实体并以被动的方式来消费，我们应以原创者没想到的方法舞动和裁定他人的知识。

关联主义理论对设计混合式教学模式的指导作用主要表现在以下两个方面。

第一，知识是具有关联性的网络整体。混合式教学的线上教学部分由于学习场所的虚拟性、接触资源的碎片化，易使学习者所习得的知识处于分散、支离的状态。而在关联主义理论的指导下，教师和学习者需要有意识地对教与学的状态进行把控。首先，教师提供给学习者的知识要相互连贯，遵循由浅入深、由易到难的层次，小到一节课、一单元大到整本书的知识呈现需要遵循一定的知识逻辑结构，使学习者明晰整体的知识脉络；其次，教师面授的教学内容应与线上组织的教学资源相互关联，线上与线下不能相互脱离，虽然二者有各自的教学呈现方式，但是整体上是互相对应，彼此联系的。

第二，教师与学习者时刻保持关联。教师与学习者是教学过程的两大主体，师生之间的互动是教学过程中必不可少的。由于线上教学过程的时空分离性，师生之间的互动往往受各种因素的限制而不便随时互动沟通。基于此，应用即时通信软件等技术保持沟通，通过在线软件的途径，学习者能够相互探讨，教师亦能够及时掌握学习者的进度，及时解答学习过程中出现的问题。

2. 掌握学习教学理论

"掌握学习理论"的概念是由美国著名心理学家、教育家布鲁姆提出的，意谓"熟练学习、优势学习"，是指只要具备所需的各种学习条件，大多数学生（95%以上）都可以完全掌握教学过程中要求他们掌握的全部内容。掌握学习理论可以调整教学过程中的主要变量（即认知准备状态、情感准备状态、教学质量）。一般来说，我们将掌握学习模式的程序大致分为五个环节：单元教学目标设计；依据单元目标的群体教学，形成性评价 A；矫正学习，形成性评价 B；整个教学环节适用于基本概念与原理的教学；教学效果达到个体教学的效果。

掌握学习教学理论对设计混合式教学模式的指导作用主要表现在以下几个方面：首先，混合式教学模式将部分教学任务转移到课下进行，这意味着有更多自由、充分的时间供学习者自由支配。学习者可以根据自身的实际情况选择合适的学习进度以及教学方法自定学习步调；通过完成教学任务、观看教师录制的视频以及资料自主学习，并完成在线测试，判断自己对于基本知识的掌握情况，对于未掌握的知识进入二次学习，掌握后可进入下一个阶段的学习。其次，教师应该为学生设定明确的教学目标，如在本次课程中学生应该达到什么样的程度、具体应用的学习方式、需要达成的指标等，使学习者有明确的学习方向，同时激发学习动力。最后，在保证基础知识掌握的前提下，教师可以划分不同的难度水平以供学习者选择，如对于材料引申、拓展学习部分等，这样既解决了有些学生"吃不饱"的现象，同时也可以避免一些学生因吃太多、太快而"消化不良"的问题，打破了教学过程中存在的进度一致、步调一致的桎梏，使学生的个体差异性得到尊重。

3. 教学交互理论

在信息交互与社会交往的大背景下，教学交互成为教学活动中必不可少的一个环节。任何形式的教学活动都离不开一定程度的交互，交互是教学活动发生的必要载体，而教学交互区别传统的人际交互，旨在推动教师与学习者的交流与理解，在引入某种技术的基础上，促进教学活动的高效完成。有学者将交互分成两个状态：其一是适应性交互，指学习者行为与教师建构的环境之间的交互，如学生对于教学平台的操作过程；其二是对话性交互，指学生与教师之间的交互，这一层面主要是学习者与教学要素、资源信息之间的交互。

交互是混合式教学活动中至关重要的步骤，在混合式教学的设计过程中应时刻以交互为核心。教学交互理论对建构混合式教学模式的指导作用主要表现在以下几个方面：其一，教师与学习者交互应遵循便利性、高效性原则，能够在线上、线下的教学中都达到即时的交互；其二，师生与平台易于交互，具体针对教师课程资源上传、页面美观性、学生观看的舒适度，即平台人性化功能的设置。

(二)"互联网+"背景下混合式教学模式设计的原则

1. 融合性原则

实践证明，网络教学的优势在一定程度上可弥补传统教学的不足，却无法完全取而代之。网络教学和面授教学具有共同的教学目标，二者互为对方的拓展和补充，二者的实施都不能在脱离对方的基础上进行。所以，网络教学部分的教学设计要依照传统课堂教学过程而进行，不能机械地脱离。网络教学与传统教学的融合非朝夕能至，尚需要进行更深入的探索。

2. 开放性原则

依据系统论的思想，世界上一切事物都可以看作是一个系统。它是由相互影响的若干要素组合而成的结合体，任何系统都不是孤立存在的，如果一个系统要保持长期的稳定就必须保持其开放性。在这里，我们可以将混合式教学看作是一个系统，同时它也是一个开放的耗散结构，它能及时吸纳外界环境中的新信息、新思想、新理念。因此，开放性原则要求在将混合式教学看作是一个整体的基础上，使之时刻远离平衡态，由封闭状态走向开放状态。首先，教学方式的开放。具体包括教学硬件设施的开放和教学手段的开放。其次，教学内容的开放。教学资源将不再局限于固定的书本、图书馆等有限的学习空间内，而是成为学生无限延展信息的接收源，课堂逐渐像社会、电子网络领域延伸，促进学生学习的发生。最后，教学过程的开放。教育理念从机械、灌输等价值取向转变为对民主、开放、探究、交互等理念的诉求。

3. 交往性原则

交往是人活动的本性，人对于交往有着必需性的要求。由于交往活动的不断扩大，活动及学习能力才能不断提升。在人与人之间的交往中，师生之间的交往活动具有一定的特殊性，它特指发生在师生之间、教学要素之间的资源信息及情感的流动。在这个交往的过程中，师生双方既是信息的发出者又是信息的接收者。交互性原则具体表现在教学过程的组织与管理中，是教学活动的主体构成。

教学活动的发生建立在师生、生生的交往交互活动的基础之上，因此，为师生创设便利、舒适的交互空间是至关重要的。混合式教学模式能随时实现教师与学生、人与资源的双向互动，促进教学活动的发生。

4. 协作性原则

混合式教学模式体现着协作性原则，具体分为两个方面：一方面从学生的"学"来讲，合作学习是一种有效的学习方式。处于合作状态的学习者往往思路清晰，思维活跃，同时在观点、思路的碰撞下可以产生新的火花及思维闪光点，对于问题能够更做深入的探究，因此，在学习过程中能够加深对于知识的理解，同时提升相互协作的能力。另一方面从教师的教来讲，教师的讲授并非只是告诉学习者既有的知识，告诉其最后的结论，这样学习者反而达不到对于知识的深层次思考。教师的讲授指的是促进学生的结构化学习，提供发现式的学习材料，为学习者的合作提供保障，成为学习者的引领者，这也为教师的教学性技巧提出了新的要求。因此，教师在教学过程中应积极与同行或专家进行交流，促进教学水平的提升。

五、混合式教学模式的构成要素

（一）教学目标

教学目标是教育目的和培养目标在教学活动中的进一步具体化。教学目标的确定，必须反映教育目的的基本要求，即首先要接受教育目的的规约，继而将教育目的从观念设想转化为行动追求。混合式教学目标的制定需要遵从一定的教学目的和培养目标，依据学习者兴趣与教学情境而设定，并在一定程度上能够体现学科的整体方向以及活动开展的整体方向。在正确、适合的教学目标的指引下，教学的有效性将会提升；而在空洞、不切实际的教学目标的指导下，教学将会处于低效甚至无效的境地。同时，混合式教学的目标并不是一成不变的，不同的教学模式能够体现不同的教学目标，对教学目标的具体要求也有所不同，诸如问题导向的教学模式、基于情境的教学模式、探究教学模式、合作教学模式，它们设定目标的侧重点均不同。"互联网+"背景下混合式教学的目标基于时代背景的特点，旨在培养学习者信息素养、信息加工能力、合作能力等综合素养，满足 21 世纪社会对于综合性人才的需求。混合式教学要根据授业学科的课程特点、结构，在分析课程和学习者特点的基础上，确定单元或课时的教学目标；同时通过恰当的方式使学习者明晰教学目标，明晰教学活动发生之后的应然状态。也就是说，教学目标的确定应具体化、清晰化、可执行化，切勿过于模糊抽象。

（二）操作程序

操作程序指教学活动的各个流程以及不同阶段的具体做法。任何教学模式都会有相对固定的操作程序，但不是绝对的固化，具体体现教学过程中教学内容的组织与引导、教学手段及方法的混合应用、教学情感价值的传递引导等。

"互联网+"背景下的混合式教学的操作程序集中在三部分：线上学习、课堂学习、线下总结。线上学习（基于网络教学平台）：教师组织教学材料—分发任务—学习者完成任务—提出问题；课堂学习：学生反馈问题—小组互动—教师对重、难点问题进行讲解—问题解决—布置作业；线下总结：强化盲点—梳理知识—完成作业—作业（作品）展示。

（三）实现条件

条件因素是达成教学目标的保障。它的作用是为教学模式的有效应用创造各方面的有利条件，使得任何教学模式都是在特定的条件下才能有效。教学模式的条件因素多种多样，诸如教师、学生、技术、环境、时间、空间等。首先，在"互联网+"教学的新型教学模式下，教师的教学方式、权威角色、师生交往方式均受到了挑战。教师在角色上从传统意义上的"建构者""决策者"转变为新型的"合作者""指引者""帮助者"；在教学活动上，教学活动场所由课堂转为线上+线下；教学方式由灌输转变为互动研究，更加体现了学生的主体地位，因此，教师要尽快适应教学方式的转变，同时进一步提升专业化技能。其次，混合式教学模式的实施对在线平台提出了较高的要求。平台教育与传统意义上的课堂教学完全不同，教学平台的人性化程度、可操作性、可互动性极大地影响着教学的有效性。

（四）教学评价

教学评价是教学活动过程中必不可少的基本要求之一，亦是教学过程中不可缺少的环节。由于混合式教学面临新的"互联网+"时代背景变革，在一定程度上重构了教学组织形式，与传统课堂的教学结构、教学方式、手段、内容都不相同，传统的评价手段放到混合式教学上难以立足，因此，对于新型的教学模式的评价体系需要予以商定。混合式教学评价应包括线上教学评价部分和课堂教学评价两部分。在混合式教学过程中，因混合了多种教学资源、教学手段、教学呈现方式等，其多样化及交叉复杂性对教学评价提出了更高的挑战。教学评价关注一部分指向最终成绩结果，另一部分指向学习者在通过使用互联网平台所进行学习活动中的表现形式以及所涉及的因素指标，诸如学习者自控能力、信息资源收集、处理能力、合作能力、创新能力等。这些使混合式教学的评价真正从注重"知识本位"转向"学识+能力本位"进行综合考量。

教学评价亦要遵循一定的发展性原则。评价的最终目的是促进学习者的发展。教师在进行评价时，可由评价学生的知识体系、技能的掌握转向学习工作态度、科研创新意识、实践能力、核心素养等方面的综合发展。评价的过程就是提高发展的过程，而不能仅仅将视野局限在考试成绩、作业成绩、最后结果这种终结性评价上面。其教学评价体系应部分转向对于软指标的评定，诸如学习者的信息检索能力、个性化与自主化学习、核心素养形成等方面，因为这些因素并不能以分数的形式呈现到评价者面前，因此，需要在评价过程中时刻对学习者进行过程性评价，尤其是要结合学习者的学习表现等，全面系统地评价学习者。

六、"互联网+"背景下混合式教学模式的应用策略

（一）充分发挥网络教学优势

在充分发挥网络教学开放性、交互性、共享性、协作性、自主性优势的同时，整合现有的教学资源从实际出发，认识到并非所有的教材均适用于混合式教学，需要根据学科特点及学习者的实际认知情况进行合理运用。教师层面，要充分激发教师的潜力，提高师资的影响力度与效度，缓解师资不均的状态。学生层面，发挥学习者的主体意识与能动意识，实现自我管理的个性化发展。网络教学层面，模糊教学边界、提高教学效率、促进资

源流通等特点优势的发挥有利于从本质上有效地推进混合式教学。

(二) 提高学习者的自主学习能力

混合式教学的在线教学部分因其跨时空性、灵活性等特点对学习者的自主学习能力提出了极大的挑战。尤其是面对枯燥的学习任务、无监督的学习环境及包罗万象的网络资源，这些都会导致低效的学习效率。相比传统面授教学，在线教学部分需要更大的自制力与判断力，学习者需要合理安排学习时间，妥善制订学习计划，加强对学习时间的管理，可以制定任务完成进程表，同伴之间可以相互督促完成学习任务。另外，要注重学习者认知策略、元认知策略、情感策略的培养，特别是元认知策略，因为它有助于学习者调配学习进程用于自我行为指导、自我评价与自我检测，并将自身的学习行为作为有意识的监控对象，提升自主学习效率。

(三) 提升师生的信息素养

1. 组建混合式教学专家团队

混合式教学开展初期难度较大，教学设计、教学实施、平台应用等方面会存在诸多问题，这无疑加重了教师的工作任务量。因此，组建混合式教学专家团队有利于教师间相互交流教学的反思与体悟，解决疑难问题，共同提升进步，团结协作，优势互补。混合式教学专家团队由混合式教学专家、网络技术人员、参与混合式教学项目的教师以及管理人员组成。随时待命的网络技术人员保障了混合式教学的技术支持，同时为教师解决疑难问题，提供"顾问式"服务，而将具备多元学科背景的教师集合起来，可以在团队内部开展多元合作。

2. 强化教师专业化培训

校内外培训有助于教师更好、更快地转变教学模式，适应新的角色，拓宽教师成长的专业空间。一方面，先培养一部分教师发展起来，继而带动大部分教师的发展；然后探索一部分学科的混合式教学模式，最后带动整体的学科探索。另一方面，观摩课程有助于新手教师获得直接的实践经验，提高其教学管理能力。此外，可以开展系列学术沙龙活动进行相关主题研讨，鼓励教师参加校外校训活动，允许教师走出去，去其他学校参观学习、参加学术会议，学习教学经验并加以运用。

(四) 初步建构起混合式教学共同体

通过混合式教学模式的开展，逐步形成"互动共享、通力协作、自主探究"的学习共同体。由于网络技术的介入，赋予了共同体发展性、流动性、多样性等特点，教师如果能在教学模式转变的关键时期相互交流合作，要比故步自封地闷头前行具有更佳的效果。教师共同体的构建主要通过交互、共享、合作形成，并以提高学习者学习体验为宗旨。混合式教学探索的团体，以共同的价值取向与希冀为纽带而自愿形成。在教师学习教学共同体中存在不同专业背景、不同教龄的教师及助教者，在共同的参与学习中，他们可以互为补充，相互交流经验，讨论问题，做出决策，尝试从不同的方面与视角重构自身的理解与观点。构建教师教学共同体，首先，要转变共同体教学意识，只有具备了共同体意识，才能感受到其价值和意义；其次，要确定一致的共同体教学目标，即顺利实现混合式教学模式的转变，发挥教师的集体智慧；再次，可在共同体内实施特定的组织与管理方式，诸如成立项目研究小组、科研创新小组等，同时可以请专家、学者提供理论与实践方面的指导；最后，应密切关注教师对于混合式教学的态度，注意在实施混合式教学之后的态度转变。

第四章　高校创新型人才培养模式

第一节　高校创新型人才培养的任务

一、造就科学高效的创新型人才队伍

遵循社会主义市场经济规律和人才发展规律，健全人才管理体制，是造就科学高效的创新型人才队伍的根本保证。建设一流师资队伍，用新理论、新知识、新技术更新教学内容。完善高等教育质量保障体系。推进高等教育分类管理和高等学校综合改革，优化学科专业布局，改革人才培养机制，实行学术人才和应用人才分类、通识教育和专业教育相结合的培养制度，强化实践教学，着力培养学生的创意创新创业能力。

深入实施中西部高等教育振兴计划，扩大重点高校对中西部和农村地区招生规模。全面提高高校创新能力，统筹推进世界一流大学和一流学科建设。

提高人才队伍整体素质，是培养造就大批创新型高层次人才的关键。目前，我国人才队伍素质与经济社会的快速发展很不适应，人力资源中人才资源仅占5.7%，人才资源中高级人才仅占6.5%，高级人才中创新型人才、国际化人才十分匮乏，与转变增长方式的要求差距甚大。

解决这一问题，首先是优化人才结构，合理配置人才资源。我国人才资源的结构、配置不合理，一方面表现在人才总量跟不上经济社会的快速发展；另一方面有许多产业行业人才闲置，相对过剩。科学的人才结构与经济结构应该是紧密的统一体，既各自相对独立，又相互制约，相辅相成。人才结构与经济结构的互动，事得其人，人适其事，既保障经济的发展，又促进人才队伍的建设。

国务院颁布的促进产业结构调整的规定，提出产业结构调整的8项重点，要求随着产业结构的调整而调整人才结构，优化人才资源配置。要优先保证"鼓励发展类"行业产业人才的量与质，限制"发展类"行业产业的人才配给，消减"淘汰类"行业产业的人才，

有计划地向鼓励类调配，优化调整人才队伍结构。

其次要把引进人才的事情做好。当前在引进人才、智力和技术方面存在的弊病突出表现在：眼光短浅，看不透"拿来主义"的重要性，对引进缩手缩脚；不良政绩观作祟，盲目引进，装点门面；引来人才，使用不好，留不住人才，引进技术消化不良，缺乏吸收创新。

营造创新人才健康成长的社会环境，使创新人才的创造能力得到充分发挥。时势造英雄，环境育人才。营造以人为本的人才环境，提倡尊重知识、尊重人才、尊重劳动、尊重创造，其核心是尊重劳动，本质是尊重人才，目的是发展创造。尊重人才首先是要尊重人，对人的尊重是一个完整的理念，只有先尊重人，才能完整地尊重人才。

营造人才创新的社会环境，首先要保障创新人才的自主权。科学发现、技术发明、自主创新，与一般的生产活动不同，它的主体是发明家、科技人才，若主体失去了自主权，则无法创新。因此，为创新主体的主体意识火花竞相迸发营造良好氛围，对创新人才进行自主选题、自主探讨、自主研究和培育原始创新成果至关重要。

其次要促进学术的开放交流，使科学与技术互相促进，自然科学与社会科学互相渗透，地区与国际之间交流合作；建立保障创新领先者权益的政策环境，倡导追求真理、勇于创新、不怕失败的科学精神；营造宽松、和谐、生动活泼的人文环境，使创新人才在自由的学术氛围中获得一个良好的精神生活；建立与创新劳动、贡献相适应的收入分配机制和激励保障机制，为创新人才提供良好的工作条件和物质生活环境。

二、实施青年科技创新行动

在经济全球化和知识经济时代，人才已经成为最重要、最宝贵的战略资源。谁拥有的人才数量越多、素质越高，人才作用发挥越充分，谁就能在激烈国际的竞争中处于有利位置。近年来世界各国纷纷出台各种人才战略，加紧招揽人才的步伐。

美国提出"培养 21 世纪美国人"，放宽对高科技人才入境的签证；日本提出强化人才培训，加强独创性基础研究的新措施；欧盟提出"将知识化放在最优先地位"等，对人才尤其是科技创新人才的争夺，已经发展成为一场没有硝烟的世界之战。

我国是人口大国，拥有丰富的人力资源。但是，目前我国的人力资源能力建设与社会经济发展要求还不相适应，人力资源的潜在优势转变为现实的人才优势的任务还很艰巨，在全球激烈的人才竞争中与发达国家相比，我们还处于劣势。如何把丰富的人力资源优势转变为现实发展的优势，为改革开放和现代化建设提供有效的人才保障，是当前和今后很长一段时期所必须解决的重要战略问题。

青年是国家的未来，青年人富于理想，充满热情，满怀抱负，有志在伟大的创新实践中建功立业。他们接受新事物能力强，能快速掌握和运用新知识、新技能，在科技创新等方面表现出明显的优势，在人力资源开发中的优先地位应该得到重视。培养青年科技创新人才，是面向未来、建设创新型国家、实现国家战略的一项非常重要内容。

（1）开发青年人力资源的过程，是一个提高人的素质、挖掘人的潜力的过程。

实施青年科技创新行动，从强化青年创新实践、培养创新精神、提高创新能力、营造创新氛围入手，全面提高青年的素质，推动青年人力资源转化为青年人才资源。遵循人才成长规律，最大限度地开发他们蕴藏的巨大潜能，最大限度地调动他们的积极性，发挥他们的创造力，使广大青年为建设创新型社会作出新的贡献。

（2）青年是人生成长成才的关键时期，是创新意识培养和创新能力形成的重要阶段。

实施青年科技创新行动，团结凝聚高层次的青年科技人才，为他们施展才华搭建舞台，需要做好以下几个方面的工作：一是建设有利于人才成长的教育培养体系，为青年创新人才成长打好基础；二是通过促进青年科研人员与产业相结合，为推动科技进步和经济发展作出贡献；三是以开展广泛的群众性青年科技创新活动，营造良好的创新氛围，来增强青年人的创新意识和创新能力；四是建立青年科技创新行动项目化、社会化的运行机制，科学研究与成果转化相结合。

（3）积极鼓励广大青年在实践中大胆发明创造，从而推动科技创新事业的发展。

设立青年科技创新创业等奖项，激励青年在基础科技领域大胆创新，鼓励技术创新和科技成果的转化应用；定期举办青年科技论坛，使之成为孕育、传播新的科学知识的重要阵地；利用当前应用类科研院所转轨转制和经济结构调整的大好机遇，鼓励广大青年科技人员不断地开发具有自主知识产权和市场竞争能力的产品或服务，为推动国民经济持续、快速、健康发展发挥更大的作用；为青年科技人才开发拥有自主知识产权的产品提供服务。

在企业，以"创新创效"为主题，以青年科技人员为主体，以市场为导向，以产品、工艺、技术创新为基本内容，组织广大企业青年积极参加技术创新活动。以青年岗位能手活动为载体，广泛开展群众性技术创新活动。

在农村，以提高农村青年科技文化素质为重点，开展培养星火带头人活动。鼓励青年大力领办科技推广项目，创办科技示范基地（园），形成项目、基地与服务组织相结合的农村青年科技服务体系。

在大中学校，培养学生的创新意识和实践能力，实施大中学生素质发展计划。开展大学生主题设计竞赛，扩大参与面，推动课外学术科技活动氛围的形成，帮助青年学生提高创新能力。开展科技知识的学习传播活动，在全社会营造科技创新的良好氛围。

通过建立读书俱乐部和青年读书沙龙，编写科技丛书，举办科技节，建立科技广场及科技教育、示范基地等，使科技走近青年，提高他们的科技知识素养，增强广大青年乃至全社会的科技创新意识。

（4）引导广大青年学习现代科学理论，明确技术创新和企业经营的努力方向和价值取向。

充分发挥现代传媒作用，运用计算机网络和新闻媒介，广泛介绍国际国内科技经济的发展现状，介绍科技成果在经济领域和现实生活中的应用，展望现代科技发展趋势及其对人类社会生活的影响。

通过多层次的科技学习和传播行动，推动全社会对科技创新工作的关注和支持，形成学科技、用科技、推动科技发展的良好局面。

发挥组织优势，促进科技成果的推广和应用。利用共青团、青联、科协等组织，团结、凝聚青年人才，为青年科技工作者提供咨询、论证等多种形式的服务，形成联系青年科技工作和企业的纽带。

建立青年科技创新行动网页，形成汇集科研项目、成果、科技人才的信息，促进全社会创新资源的优化配置。

通过科技成果转化、应用的中介服务组织及网络，提供市场信息分析、市场预测、风险评估等服务，营造有形的技术成果交易市场。

组织青年科技成果博览会、技术交流会和信息发布会，促进科技成果的推广和应用，加快科技成果的商品化、产业化进程。

积极推动科技和经济结合，鼓励引导青年科技工作者创办企业或多形式与企业合作，走产学研结合的道路。

实行项目与人才的对接机制，帮助青年企业经营管理者和青年科研人员选择具有市场开发前景的科研项目进行孵化催生，促使科研成果转化应用。

组织青年科技工作者以招标和引荐方式，为企业的技术攻关和地方经济发展提供服务。

建立激励机制，争取社会资源，设立"青年科技创新奖"和"青年科技创业奖"专项奖励资金，对在科技发明和科技成果转化等方面取得显著成绩的青年科技工作者进行奖励，对青年科技创新组织的突出成绩予以表彰。

加强阵地建设，在科技馆、博物馆、科研院所、大专院校及高新技术集中企业，命名一批青年科技创新行动教育（示范）基地，面向青少年开展科技创新教育，为科技教育工作研究提供服务，为青年的创新实践服务，为推动科技产业化、促进科技与经济的结合发挥示范带动作用。

争取政策支持，在条件成熟时建立青年科技工业园区。设立青年科技论坛，对经济建设和社会发展相关的问题进行研讨，为青年科技创新成才的脱颖而出搭建舞台。

第二节　高校创新型人才培养模式探索

一、高校创新型人才培养模式的基本内涵和要素分析

（一）创新型人才培养的基本内涵

随着知识经济时代特征的不断显现，人们进一步认为，人力资源的数量和质量，特别是质量是促进人类社会可持续发展的根本动力。人到底应当具备怎样的质量内涵和特征，成为人们关注整个知识经济时代所不能忽视的一个前瞻性问题。没有对符合未来社会发展需要的人才特征的深刻认识，就不可能有相应的教育准备；没有相应的人才作为依托，迎接知识经济时代的挑战也只能是纸上谈兵和天方夜谭，知识经济时代也不可能真正到来。未来社会区别于以往任何时代的最重要的特征就是不断创新，那么不断创新也就自然成了符合社会发展需要的创新型人才最基本的标准。以这一标志为起点和归宿所演绎出来的人格特征、能力结构、知识水平以及人文与科学素养则构成了高校创新型人才的基本内涵。

（二）创新型人才培养的要素分析

高校创新型人才最本质的特征就是要具有点石成金的创新能力，能够在所从事的研究领域和工作范围内，运用自己的知识、智慧和能力，不断地开展创新活动，产生有益于经济发展和科技进步的新观点、新思维和新方法。

1. 健康向上的人生价值取向

创新不仅是知识经济时代经济发展、财富增长的源泉，也是知识经济社会全面发展、文明进步的重要推进器。依靠创新实现社会进步、民族振兴是知识经济社会最为显著的特点。因此，创新不仅具有重要的经济价值功能，更为重要的是具有社会发展与进步的重大意义。这就决定了创新人才必须把创新潜能的开发、创新能力的提高，并由此推动社会的发展与进步作为人生的最高价值目标，把创新精神、创新能力作为自身素质的最本质的体

现，并以此作为人生价值的新境界、新追求，在创新与社会进步这一层面上找到并实现人生的意义。这是知识经济时代创新人才所具有的健康的人生价值取向的最为本质的内涵。

作为创新型人生价值取向，包含如下几个方面的内容：（1）创新不是在某种外力的驱使下对创新需求的被动应答，而应是一种内在品质的体现，是一种积极主动的追求。创新已上升为一种崭新的人生价值观，成为人的真正意义上的"第一需要"，同时体现为人的最高层次的内在需求，赋予人的自我价值实现以崭新的时代内涵。（2）创新具有重要的经济价值，应当使所有的创新行为与经济发展的需要紧密结合，充分发挥并实现其经济功能，但又不能把创新行为仅仅局限于单纯的经济增长和短期经济利益目标，而应当实现其功能上的超越，即服务于社会的全面发展和人类的文明进步，服务于民族的根本利益。（3）创新既不是单纯的经济行为，也不是纯粹的自然过程，它是一种社会行为或者说是社会进步的过程。因此，任何创新的理念、行为、结果都具有十分重要的社会评价标准，这是创新型人才创新素质的重要内容。创新型人才只有牢固建立起一系列创新行为的社会评价标准，才能自觉地规范自身的创新行为，使创新真正为社会文明进步服务，为人类造福，而不是成为少数人掠夺财富甚至给人类带来灾难的工具。

作为创新型人才人生价值取向的体现，还必须把个人的内在创新品质和追求与社会发展、人类进步的需求有机结合，并服从于社会与人类的整体需求；把当前的创新所具有的经济价值与社会进步、民族振兴的长远目标有机结合，并服从于民族振兴的长远目标；把个人的创新能力与创新行为的社会价值判断标准有机结合，并服从于社会的价值标准。

由这样的人生价值取向所决定，敢于创新、善于创新、自觉地提高创新能力并规范创新行为，不仅是一种高度的社会责任感的体现，而且还是一种崇高的献身精神，创新就是把自己的所有聪明才智、无限的创造潜能奉献于社会的全面发展、民族的振兴和人类的文明进步。

2. 勇于挑战的创新精神

科学技术发展到今天，社会经济、文化、教育、生产经营等各个领域都已有较为成熟规范的理论体系，并积累了丰富的实践经验。要在前人的基础上，提出自己独特的见解，产生自己的新观点、新思维和新方法，必须要有以现实为基础、勇于挑战的创新精神。

创新首先需要有创意，创意的形成是多种因素综合的结果并需要一系列的中间环节，而观察是创新活动最为重要的基础。因为只有通过观察，才能发现不同事物的个性特点，通过众多的现象归纳，发现并把握其差异性和相似性，并在相似性与差异性的统一中产生联想。因此，对于创新型人才素质要求的重要内容，就是必须学会观察，具有科学的观察方法和较强的观察能力。

创意的形成还必须在观察的基础上进行独立的思考。独立思考首先表现为对观察到的材料（现象）和感性认识进行"去粗取精、去伪存真、由此及彼、由表及里"的改造制作过程，是由感性认识趋向理性认识的飞跃过程，或者说是由对事物的表象到对事物本质的认识的质变过程。观察与思考相互联系、不可分割。没有观察，思考缺乏现实的基础；没有思考，观察就不可能升华，其结果也就不可能形成正确的认识。只有观察与思考的有机结合，或者说建立在观察基础上的独立思考，人们才可能有真正的新发现、新认识、新见解，这是创意形成的直接基础。新发现、新认识、新见解直接决定着创新的对象（或目标指向）、创新的类型以及创新的方式。

在现实生活中，同一领域甚至同一事物创新的类型和方式千差万别，这在一定程度上正是基于人们在发现、认识、见解上的差异。因此，能否在观察的基础上获得新的发现，得到新的认识，形成新的见解，是制约甚至决定创新活动的类型、方式以及结果的关键环节之一，而这一切又取决于人们独立思考的能力。古往今来，"善思"在人才培养中一直处于目标的地位，是所有教育行为和过程的共同要求，也是所有创新型人才所具有的共性品质。在知识经济时代，"善思"既是创新活动的关键环节，是创意形成的直接基础，也是创新型人才的重要品质和素质特征。

新发现的获得，新认识以及新见解的形成，不仅需要独立思考的能力，更需要善于挑战的勇气。挑战意味着对传统见解的突破，对已有认识的超越；挑战也意味着不断追求思想的解放，不固守已有的结论，不盲目跟从别人的结论，不迷信经典和权威；挑战同时意味着敢想、敢干、敢于实践，敢于提出问题，敢于发表新的见解，敢于踩在巨人的肩膀上追求新的境界。创新就是对传统的突破和对现实的超越，没有敢于挑战、善于挑战的勇气和精神，必定是墨守成规、因循守旧，也就不可能有所创新。因此，富于挑战精神和具有挑战勇气是创新型人才最为宝贵的品质和素质之一。当然，这种挑战性是以观察为现实基础的，不是主观臆想的；是经过独立思考的理性结果，而不是盲目的冲动。

3. 充分的知识准备

知识经济时代的创新，需要充分的知识准备和知识体系的支持。知识经济就其本质来说，是创新型经济，创新是其灵魂，但知识经济首先是以知识的生产、知识的积聚、知识的分配、知识的应用尤其是知识的更新为基础，或者说知识经济首先是以知识为基础的经济类型，甚至可以把知识经济称为知识化社会。另外，完整的知识及体系构成了创意形成和创新活动的重要基础，在一定程度上也决定着人们创新能力的大小。虽然知识水平并不能直接标示着创新的能力，但创新能力的提高必须以知识水平的提高为基础，创新若得不到知识体系的支持必定是无源之水。

但是，创新所需要的知识支持绝不仅仅是对已有知识的继承、积聚和应用，还需要知识的不断更新。无论是创意的形成，还是创新的设计以及创新的活动，都需要新知识、新原理的运用。因此，站在科学发展的前沿，努力实现知识体系的更新尤其是知识的创新，才能为创新提供更为有效的知识支持，也才能更准确地体现知识经济的本质及要求。

不仅如此，当代经济社会的发展早已出现了综合化的趋势，许多新事物的出现已表现为各种因素综合作用的结果，许多新问题的解决也已涉及经济社会发展的众多领域和诸多方面，因此，创新也就表现为复杂的系统工程，仅仅依靠某一领域或方面的专门知识及技能，已无法完成创新的任务，也不可能达到预想的创新目的。尤其是许多重大的创造发明，只有综合运用自然科学、技术科学、社会科学、人文科学等多门学科的知识才能获得预想的效果。一方面，只有多学科的不断交叉、渗透、融合、撞击，才能迸发新的思维火花，形成新的观点，产生新的结论，从而提供创新所需要的新视角、新思路以及新途径、新方法。另一方面，知识的综合、学科的交叉、渗透也是知识创新的有效途径。知识创新从根本上说是依赖于社会的实践，但学科之间的互相借鉴、吸收，能有效地产生新的知识点，甚至形成新的学科，其直接结果不仅使知识总量有了新的扩张，也使原有的学科有了新的发展，从而使整个知识体系不断增加新的内容。

4. 科学的创新观念

创新是一种科学活动，不仅要遵循客观事物运动、变化、发展的内在规律，准确地认识、把握客观事物的本质及未来趋势，而且要充分认识和遵循创新过程的客观规律。对创新规律的认识，是随着人类创新活动的开展逐渐深化的，对创新规律的认识和把握程度，从根本上决定了人们创新行为的自觉程度、科学程度以及有效程度。知识经济时代，创新是社会进步的根本动力，科学地认识、遵循创新的客观规律，是知识经济发展的内在要求，也是建立国家创新体系、实施创新工程的重要课题。

科学的创新活动需要科学的世界观和方法论，即运用马克思主义的唯物辩证法指导整个创新活动，同时综合运用各种科学方法，建立起科学的方法论体系。

二、高校创新型人才培养模式的基本架构及运作机制

(一) 高校创新型人才培养模式的基本架构

创新型人才培养模式是以获取知识为基础，以开发智能为手段，以发展创新能力为核心，以提高综合素质为目标的高校人才培养体系。它体现的高校人才培养活动结构框架和活动程序为：学生先通过专业教学活动和其他教育活动获取、积累和整合知识，构建合理

的知识结构和能力结构，在此基础上，最大限度地发挥自身潜能，特别是思维力，发展自学能力、表达能力、实际操作能力、科学研究能力、组织管理能力和社交能力等，再通过知识和能力的升华，内化为自身素质，培养创造性思维能力和创新能力。其中，上述诸能力又集中体现为创新能力。在创新型人才培养模式中，素质是人才培养的灵魂和根本，素质的培养要着重造就学生的创新品质和创新精神。

高校创新型人才培养模式是按照知识、智能、素质协调发展的要求构建起来的，它是高校人才培养现实的再现或抽象概括，来源于高校人才培养实践，又指导高校人才培养活动，知识、智力、能力、素质是这一模式的4个基本要素。知识是开发智力、形成能力和素质的基础。但智力是内在的，它必须借助能力才能外显出来。因而智力和能力是两位一体的关系，一般称为"智能"。知识和能力通过升华，内化为人才的素质；素质的形成和提高，促进知识的更快获取和拓展，促进智能的更好发挥和发展。各种能力经过优化组合，集中体现为创造力，也就是说，智能活动的最高层次是创造力；素质为增强思维力和创造力提供源源不断的潜能。最后，思维力和创造力经过整合，造就出创新型人才。

（二）高校创新型人才培养模式的运作机制

创新型人才培养模式是以满足社会对创新型人才的需求为目标而建立的人才培养模式，这一模式包括人才培养目标、人才培养基本规格、人才培养过程和人才培养评价体系四个方面的内容。

1. 人才培养目标

构建创新型人才培养模式，应借鉴国外高校的先进经验，顺应国际潮流，重新确定我国高校人才培养目标，按照知识、智能、素质协调发展的要求，为社会主义市场经济和知识经济发展培养大批具有创新精神和创新能力的现代高级专门人才。创新型人才培养模式是在通才教育与专才教育相结合的基础上突出人性、综合素质和创造力培养，真正以育人为目标的模式，这一模式不同于以思想品德优良、素质高、知识丰富为目标，以教学为目的的传统人才培养模式，要求高校把学生作一个"社会人"提高到首要和基础的层面，综合素质的培养优于知识的灌输，创新能力、适应能力的培养优于专业知识的提高和技能的培养。创新型人才培养模式就是要使学生在接受高等教育的过程中，不仅掌握必要的科学知识和人文知识，具有较强的创新能力和适应能力，而且还是一个和谐发展、人格完整的人，而不是一个只会在实用主义、功利主义的层面上去判断事物，思考问题，去寻找人生答案的人。

2. 人才培养的基本规格

为适应未来社会对高级专门人才的需要，高校培养的人才应当既有知识，又有"智力"和"能力"，更有使知识和智能得到充分发挥的"素质"。基础扎实、知识面宽、能力强、素质高是高校创新型人才的基本特点。因此，高校培养人才时，应以知识、智能、素质协调发展为质量标准，这是对德、智、体全面发展要求的具体体现。

由于创新型人才培养模式的特点是突出综合素质和创造力培养，因此这里只对学生的创新能力规格和素质规格作重点阐述，其余的知识规格和智能规格在此不再赘述。

（1）创新能力规格

包括：①在接受创新素质教育过程中，能逐步提高和发展创造性观察能力、创造性思维能力和创造性表达能力。②在参加科技活动或社会实践活动中，能表现出一定的创造才能，能撰写符合要求的科技论文。③在毕业论文设计过程中，能完成具有一定创新要求的设计课题，能撰写富有新颖性、创造性的毕业论文。④在教师指导下，能从事一定的科学研究或技术创新工作。

（2）思想道德素质规格

包括：①正确理解和坚持党的基本路线，坚持四项基本原则，拥护中国共产党的领导。②努力学习马列主义、毛泽东思想、邓小平理论、"三个代表"重要思想、科学发展观以及习近平新时代中国特色社会主义思想，学会运用辩证唯物主义和历史唯物主义的立场、观点和方法分析现实生活中的政治、经济、文化和道德现象。③树立社会主义民主法制观念，自觉维护和遵守各种法律法规，严格遵守校纪校规。④树立以社会主义集体主义为核心的人生观和价值观，反对拜金主义、享乐主义和极端个人主义。⑤树立正确的学习目的，养成良好学风，努力攀登科学文化高峰。⑥养成高尚的社会主义道德品质和文明行为习惯。

（3）文化素质规格

文化素质教育的目标是使学生能了解人类改造自然、改造社会和改造自身的主要文明成果，能从中外丰富的人文社会知识和自然科学知识中汲取营养，陶冶情趣，塑造适应社会主义精神文明建设要求的高雅气质、健康的审美情趣，其具体规格如下：①掌握一定的文、史、哲基本知识。②熟悉中国文化发展的基本脉络，了解中国近现代史上的重大事件、著名人物及经典名著。③了解世界近现代史上的重大历史事件、著名人物及经典名著。④学习文化艺术类课程，培养健康高雅的审美情趣，树立正确的审美观。⑤了解反映现代科学技术与知识创新的人文背景。⑥了解现代企业制度下的企业哲学与企业文化的基本内涵。⑦了解与社会可持续发展战略相关的人文知识。

（4）业务素质规格

业务素质教育的目标是使学生在具备一定的业务知识和业务能力的基础上，成为现代高级专门人才所需要的业务素质，具体规格如下：①在教师的指导下，独立自主地进行各个教学环节的业务学习和完成各种作业，杜绝一切舞弊行为。②尊重客观规律，在科学实验、科学研究和社会调查研究活动中能实事求是地进行科学观察和客观记录实验数据和各种信息，整理实验报告或社会科学调查研究报告，自觉抵制各种伪科学的侵蚀。③注重理论联系实际，积极思考所学科技知识和人文知识在生产实践中应用的可能性。④养成精心策划、精心设计、精心整理研究与开发成果的习惯，追求质量意识、精品意识和创新意识。⑤养成团体意识和协作精神，在综合实验、毕业设计、社会实践以及科学研究中能分工合作，取长补短，共同前进。

（5）身心素质目标

健康的体魄与良好的心理是现代高级专门人才实现社会价值和人生价值的基础。在身心素质方面的培养目标是：使学生养成强健的体魄，具有良好的个性心理品质和群体协同心理品质，具有较强的心理调适能力。

3．人才培养过程

正如企业的生产经营需要经过供应、生产、销售3个阶段一样，严格意义上的人才培养过程包括人才供给、人才培养、人才产出3个部分。人才供给是通过考试或测评等方式对应届、往届高中毕业生或有一定基础的社会青年、在职人员进行选拔，为人才培养提供可塑之才。人才培养是指通过教师的教与学生的学，使学生在知识、智能、素质等方面协调发展，使学生成为符合时代发展要求的人才。人才产出是指高校培养出来的学生通过双向选择、供需见面实现就业，是人才走向社会的过程。人才培养模式中的3个部分密不可分、相互作用、相互影响。人才供给是人才培养的前提和基础，人才产出是人才培养的结果和归宿。在高中毕业生或社会青年经历大学阶段，成为人才，继而在社会上有所创造、有所发明的过程中，将教与学有机地结合起来，对学生实施创新教育，注重培养实效，是人才培养过程中至关重要的部分。由于高校的人才供给和人才产出两个部分涉及国家高等教育政策、就业政策和社会用人环境等多方面的因素，而这些因素是不以高校的意志转移而转移的，因此这里主要从高校的角度阐述人才培养过程。

（1）学制

作为高校创新型人才培养过程中重要的一环，高校应对其学生实行弹性学制。对学生实行弹性学制，允许达到培养目标和质量标准的学生提前毕业，或允许学生根据自身情况自续毕业。

（2）教育阶段划分

高校学生的整个教育过程可分为两个大的阶段，即基础教育阶段和专业教育阶段。基础教育阶段的基本任务是强化基础，拓宽知识面，使学生比较系统地掌握本学科、专业必需的基础理论、基本知识，加强文化素质教育和创新知识教育，培养学生的人文与科学素养。专业教育阶段的基本任务是让学生掌握本专业必要的基本技能、方法和相关知识，具有从事专业实际工作和研究工作的分析能力和创新能力。

（3）课程设置

课程设置是教育教学内容的具体体现。在对课程体系和教学内容优化与调整的基础上，高校的课程设置应采用模块化和系列的结构，以利于学生掌握比较系统的知识和培养创新型人才所需要的素质和智能结构。

（4）学分制

学分制是开展因材施教活动，加强文化素质教育和创新素质教育，使学生个性得到充分发展的有效途径。国外许多高校在教学环节上都是实行学分制管理模式。高校实施创新型人才培养模式中重要的一环，就是要实行真正意义上的学分制，在保证学生必备的知识、智能和素质培养的前提下，增加选修课比例，让学生根据自身情况及个人的兴趣、爱好选修学分，使学生在教学活动中的主体地位得到充分体现。

4. 人才培养评价体系

评价体系是对高校人才培养工作进行价值判断的系统测量和调查，是学校教学质量管理系统中不可缺少的一环。评价不是目的，而只是实现目的的手段。因此，高校人才培养模式的评价体系，必须紧抓提高教学质量和人才培养质量这一目标，将学生学业评价和教师教学评价有机地结合起来。作为创新型人才培养模式的评价体系，除了做好上述两类评价以外，还应侧重学生创新素质与能力的评价。

学生创新素质评价是以学生个体为对象，根据社会向高等教育提出的创新型人才培养的目标和要求，运用科学的测评手段，对学生的创新精神、创新能力、创新人格、创新实践等做出客观分析与价值判断的微观教育评价。建立学生创新素质评价体系，准确有效地评价学生的创新素质，是对高校学生全面实施素质教育，培养具有创新精神和实践能力、适应社会主义市场经济需要的合格人才的重要手段。

三、高校创新型人才培养模式的对策

《中庸》中有一句话："预则立，不预则废。"教育是一项未来的事业，具有优先发展的战略地位。随着我国社会主义市场经济体制的逐步完善，特别是随着知识经济时代的到来，传统的人才培养模式在培养创新型人才方面面临着严峻的挑战，已不适应时代发展的要求。作为肩负人才培养重任的高等学校，必须站在未来的高度，开阔眼界，充分认识转变传统教育思想的重要性，树立创新型人才的教育观，推动人才培养模式的创新。

（一）更新传统教育质量观，重视知识、智能与素质的培养

辩证唯物主义告诉我们，经济基础决定上层建筑，生产力的变革必将带动生产关系的变革。计算机和网络的普及，信息系统的强大功能，既会带来教育手段的变化，也会带来教育观念的变化，要求更新教育观念。长期以来，在教育的质量观上，受当时生产力发展所限，人们往往只把受教育者获得书本知识的多少作为衡量教育质量的唯一标准，忽略了学生潜能和创新能力的培养，缺少对学生在繁杂现象中认识事物关键因素和处理问题能力的训练，缺乏对学生意志、品质的锻炼，培养出来的学生大都循规蹈矩，不善于发现问题，更缺乏解决问题的能力。正如杨振宁教授所指出的那样，它虽"有利于学生积累知识，打下扎实的根基，但是相对来说在进行科学创新的时候缺少创新意识"。改革开放以来，对学生能力培养的问题已引起了许多高校的重视。然而随着科学技术的飞速发展所带来的种种负面效应以及对高等教育功能认识的深化，人们越来越关注高校学生身心的全面发展和综合素质的提高。这是教育思想的一大转变。

转变教育思想特别是教育质量观和教育价值观，坚持知识、智能、素质协调发展，是高校培养创新型人才的基本前提。一是因为随着科学技术的迅猛发展，知识总量急剧膨胀，知识和技术的更新速度加快，产业结构不断变化，那种只依靠单一知识、能力和某种素质解决重大理论和实际问题的时代已经不复存在；二是因为计算机、网络的普及，信息迅速增加与快速流通，各种信息无时无刻不在影响着学生，同样学生也有着极大的选择空间和丰富的信息源，他们可以从网络和其他渠道上迅速地获取大量的新信息。高校若仍然依照先辈遗存下的传统文化去塑造、教育学生，那么学生经过几年教育建立起来的观念和知识结构，等到他们毕业时已大部分跟不上时代的节拍了。当今的市场竞争已从产品竞争延伸到了工作中间的创意和实验室中的交锋。社会需要大量的创新型人才，而创新型人才的涌现，是以教育观念转变为基础和前提条件的。高校应充分认识到高等教育的目的是培养学生的创新精神，激发人的想象和灵感，使人能从新的角度，按照新的思维方式来认识客观世界，创造出具有社会价值和经济价值的物质成果和精神成果，即想别人不敢想的，做别人不敢做的。高校创新型人才培养的立足点并不是要求学生必须做出什么发明，而是培养他们独立思考问题和解决问题的能力，能在各方面发现、发挥自己的潜能，为将来在创新方面有所作为打下基础。这些都需要高校重新审视传统的教育观念，剔除那些不适应

创新型人才的过时因素，树立创新教育观念，确立新的人才培养目标和教育教学模式，促使学生知识、智能、素质的协调发展。

（二）革新教学内容，注重知识和能力的综合

21世纪是以高新技术为核心的知识经济占主导地位的世纪，知识对于全人类的重要性是不言而喻的。但是，随着科学技术的飞速发展，知识的总量在不断增加，而大学生在校学习的时间毕竟是有限的，为了解决这一矛盾，必须改革高等学校的教学内容和教学方法。我们把那些最基础的、在今后的工作实际中仍然有用的知识教给学生。

当前，科学技术的发展既高度分化，又趋向综合，各学科广泛交叉、相互渗透，很多重大问题都是涉及多学科的综合性课题。为适应这一趋势，我们要在注意学科综合化、拓宽专业口径的同时，加强课程的综合化，构建新的课程体系和课程设置方案，以便于高校学生构建合理的知识结构和能力结构，并全面提高自身的素质。有教育专家认为：没有综合化就不会产生伟大的变化，综合化课程体系的内涵是加强基础，扩大知识面，开设综合化课程和系列课程，各类学生既学习社会科学、人文科学，又学习自然科学，而且这种跨学科的教学模式应贯穿于整个学习之中。因此，在构建课程体系时，要有目的的构建一系列有利于学生综合素质培养的具有宽泛性、交叉性和时代性特征的课程；同时还应精心设计与之配套的第二课堂和校园文化环境。

（三）完善教学体制，充分发挥学生的主体作用

以创新型人才为培养目标的教学体制包括弹性学制、学分制和互动式教学等内容。

1. 建立弹性学制

尽管高校学生是经过一定的选拔程序才得以迈进大学校门，接受高等教育的，可以说他们是社会上素质较高的群体。但是高校学生之间的个体差异依然非常明显。不承认高校学生的这种个体差异，就难以使学生的个性在教育教学的过程中得到充分的发展。

目前高校的本科教育，除医学类专业和建筑学等专业采用五年制的基本学制外，其他专业均采用连续4年的基本学制。这种固定学制的做法已经延续多年，各高校除学生因病休学外，鲜有提前或延期毕业的情况发生，这不利于学生的个性发展。清华大学曾在这方面进行过改革尝试，为鼓励在校学生将其创新成果转化为现实生产力，允许他们休学从事创新研究和创新成果转化活动，这开创了高校实行真正意义上的弹性学制的先河。实行弹性学制是尊重学生个体差异，真正做到因人施教、因材施教的有效途径。实行弹性学制，可将学生的在校学习时间由固定的4年或5年改变为3~6年，即允许学有余力的学生在完

成规定的教学任务，达到学校培养目标和质量标准的情况下提前 1 年毕业或像清华大学那样允许学生根据自身的具体情况延期 1~2 年毕业。

2. 完善学分制

学分制是世界各国普遍采用的教学管理制度，其核心是一份富有弹性的指导性教学计划和一套灵活的管理制度，其出发点是使学生充分自由地全面发展，其归宿是培养更多的高质量人才。学分制最显著的特点是贯穿于教学进程、教学管理中的开放性、灵活性。学分制指导性教学计划的制订，应淡化专业，放开选课、选专业、选系；课程学习上实行重修、免修；选修课在课程中所占的比例增加等，不仅使专业、学科、学术思想之间的渗透、交叉、结合有了可能，而且能够优化学生知识结构，拓宽学生的知识面。辅之以教学管理的目标管理和过程管理，可以有效地保证教学的时效性。另外，学分制赋予了学生较大的学习自主性，可以充分调动学生的主动性和积极性。学分制确定的教育思想、教育观念，其基础乃是尊重人才成长和培养的规律，尊重、发展学生个性的教育思想。也就是说，学分制是把学生自身的个体差异与成长规律作为教育的出发点，充分重视发挥个体的特长及潜能，通过个体个性的和谐发展达到全面发展的目标。

目前许多高校已经实施学分制，但存在选修课太少，所设课程不利于学生综合素质提高和创新能力培养的弊端。因此高校应以培养创新型人才为出发点，不断地完善学分制，使学生的个性得到充分发展。

（1）打破传统的教学计划和教学安排

打破学年制的教学计划和教学安排，设计学分制的新体系，这是实行学分制的关键。要从全校的课程安排、教室使用、上课时间这 3 个方面重新设计，全天分散排课，学生充分利用时间选课，学校充分利用条件和设备办学。这也是学校挖掘办学潜力，增招一些走读生，增加办学效益的途径。

（2）对必修课与选修课的比例进行调整

在保证国家专门人才培养的基本规格的前提下，将部分基础课或专业课程改设为选修课，适当增大选修课比例。对多数学生来说，主要是在修好本专业课程的同时，在没有精力和能力再修另一专业课程的情况下，通过选修课的形式增加一些知识面。设计、安排好选修课，并保证选修课的教学质量，达到既扩大了学生的知识面，又使学生具有坚实的基础和一定专业技能的目的。

（3）充分调动教师的积极性

多开选修课，尤其是对一些教学工作量较轻，有的一学期没有几节课甚至不上课的教师，是一种充实和锻炼。有些选修课可能选修的学生少，这与学生的需要和兴趣有关，也可能与教师的水平有关。如属后者，则可以促使教师去充实、更新教学内容，提高教学质量。

（4）校际间要打通，学分可互相承认

我国高校单科性院校较多，学校所设专业是以培养专门人才为主的，学生的知识面不够。经过院校调整、合并后这种情况已有所改变，但仍可优势互补或资源共享。本校没条件开设选修课的，可允许在相邻学校选修，回原校承认。

（5）实行主辅修、双学位制

为一些学有余力的学生创造条件，修读另一专业课程或向交叉学科、边缘学科发展，充分调动学生的学习自主性和积极性，扬学分制灵活性之长。

（6）现行班级制度不变，加强任课教师责任

学生仍然以班级为学习、生活团体，选课可以分散。必修课与选修课都要求学生必须到课堂听课，任课教师评定该门课程成绩时要结合每个学生的到课率。要明确实行学分制可增大学生选课的自由度，而学习不是随意的。实行学分制的目的，不是要把大学生培养成散漫的一代。实行学分制仍要全面贯彻党的教育方针，使学生在德、智、体诸方面得到全面发展，成为有理想、有道德、有文化、有纪律的新时代需要的创新型人才。

（四）开展互动式教学

诺贝尔奖获得者杨振宁教授曾讲过：中国的小学、中学、大学和研究生院一直都在把学生赶到一个越来越窄的道路上去，把学生变成念死书的人，结果是学生习惯接受而不习惯于思考，更不习惯怀疑和考证。因此，不容易培养出有创造性、有独立见解、有开拓能力的人才。这一批评切中了我国教育的弊端。但直到现在我国高等教育中满堂灌的教学方法，即教师讲课，学生记笔记、背笔记、考笔记的现象依然存在。如果再不及时转变教育观念，这种教学方法将大大落后于时代发展的要求。当务之急是教师必须从思想上认识到学生是教学活动的主体，大力采用互动式教学。

现在，在研究高校创新型人才培养模式的实施过程中所采用的互动式教学，应该是既继承传统的优秀教学思想，又有进一步的发展，使之更加科学化。我们所讲的互动式教学必须有利于加强学生自学能力、独立分析问题和解决问题能力的培养，有利于学生创新思维和创新能力的培养，有利于学生个性和才能的全面发展。互动式教学应体现教与学之间积极思维的共鸣和教师的主导作用与学生的主体作用的和谐统一。正是基于这种要求，实施高校创新型人才培养模式，必须开展互动式教学。

（五）加强教学与科研、实践的结合，培养学生的创新意识和创新能力

高等学校的根本任务是培养和造就高素质的人才，培养出真正适应未来挑战、推动时代发展的具有创新精神和创新能力的人才。而创新精神和创新能力的培养必须通过学生主动参加各种社会实践活动来实现，因为一切创新的内容都来源于社会生活，来源于社会实践。实践不仅能出真知，而且还是创造的源泉，那些真正富有挑战意义的科研课题大都是来自实践之中。只有在实践中学生才能发现问题，进而培养他们的创造性思维，并运用创新手段来解决问题。

第三节　高校创新人才培养机制的构建

一、创新人才培养的目标机制

课程体系是培养机制的核心，课程体系包括：课程及其属性、课程类别及其结构等。不同的人才培养目标和人才培养模式，课程体系的构建方法和结构就不同。因此，这里的创新人才培养的目标机制，即根据不同的培养目标来制定合理的课程体系。为实现课程体系的整体优化，防止课程体系出现缺憾、冗余和杂乱，这里提出了一种基于目标的树状课程体系及其构建的原则和方法。

（一）构建培养目标体系

课程体系所依据的是专业培养规格和目标。基于目标的课程体系就是建立在对本专业培养规格和培养目标的分解和分析基础上，完全依据培养规格和目标的要求，层层分解培养目标，依据每一个具体的子目标，对应设置所需要的课程和实践环节以及课外活动，最终形成一个镶嵌式的有机联系的整体。

第一，将专业培养目标和规格按照素质、知识、能力进行分解，转化为目标体系。

第二，详细列出各素质、知识、能力在培养目标体系中的作用和地位，将其分阶段分为基本目标、提高性目标、拓展性目标等。

基本目标所对应的是专业基本质量要求；提高性目标是超出专业的基本要求，在深度、难度上有较高要求；拓展性目标则是为了拓展学生的素质、知识、能力，在专业基本要求的基础上，实现横向上的拓宽。一般情况下，提高性目标和拓展性目标都设为选修性

目标，让学生根据需要选择。

第三，依据该目标体系设置课程。课程设置所包括的内容有：开课学期、课程学时学分、课程名称、课程内容和教学基本要求。依据目标课程体系，确定课程的性质为必修或选修。课程设置应依据培养目标的层次，相应地区分出提高性和拓展性层次，以便于学生选择，实施因材施教，从而达到促进学生个性发展的目的。

1. 对社会的研究

学生最终都要毕业并走向社会，学生个体的发展总是与社会发展交织在一起的。学校教育的功能包括文化功能、政治功能、经济功能等，都是通过课程的作用而和社会联系在一起的。对社会的研究就是要研究社会经济、科技发展对学生素质、知识、能力的要求，并将这些要求落实到课程体系中。

2. 对学生的研究

目标的设置目的是促进学生的身心发展。构建课程体系应注意关注并清楚地了解学生的各种需求，尤其是学生的认知发展与情感形成、兴趣与需要、社会化过程与个性养成方面的要求；了解学生的短期需求和长期目标；了解学生在大学学习期间各阶段的任务及学习负担。对学生的研究应广泛听取学生的意见，包括不同年级、不同层次的学生。构建课程体系的最基本依据是将研究结果体现在课程设置中。

3. 对学科专业的研究

学科专业是高等学校的教育单位，学科专业是知识最主要的支柱，学科的发展趋势、现状、学科内部各种知识的关系等，都是课程体系构建的依据。对学科的研究所需要做的就是听取学科专家对学科课程设置的建议，但要避免过于专业化的学科建议。学科专业课程的设置不仅要考虑该学科的知识外，还要注意课程对"人"的养成教育的作用，使学生能够通过该课程的学习获得有关方法的基本训练。

4. 对学校的研究

对于我国高校来讲，课程设置除了要开展对社会、对学生以及对学科的研究外，还应特别开展对学校的研究。对学校研究才能保持并有目的地建设有特色的学校。高等学校的专业设置要遵循国家制定的学科专业指导目录，但该目录专业数目有限并适用于全国各级各类学校，其宽泛性和特定高校内部专业研究领域的有限性形成矛盾。为了让课程体系既要适应学校办学的实际，又能满足专业指导目录的基本要求，必须对学校特色进行研究。对学校的特色研究包括对学校的办学条件、服务面向、校园文化、学生质量、教风学风的研究等，将这些具有特质的内容纳入学校的人才培养方案与课程体系之中。因此，对学校的研究是必要的也是必需的。但要注意的是对学校的研究不应避重就轻，不应回避学科专业所强调的课程体系的基本要求，要在符合国家相关要求的基础上，充分发挥学校的特色。否则，人才培养质量很可能与国家关于本学科专业的基本要求不相符。

（二）人才培养过程中的课程构建

我们的视角是将创新人才成长看作一棵大树，将促进人才成长的课程体系形象地描述为"树状"课程体系。在这一课程体系中，将对培养目标（包括子目标）起重要支撑作用的课程，确定为核心课程，将其列为必修课，使学生在完成必修课的学习后，就能达到专业基本培养目标的要求。对提高和拓展性的目标要求，将其相对应的课程列为选修课，以满足学生多样化的成才要求。

1. 先有根，后有树

人格养成与"人"的基本能力形成的课程，这是大学生成"人"的教育教养课，应该列为全校学生的公共课。

人格养成课包括：公民导论，传授公民的法律权利、法律义务和公民道德；人生导论，传授正确的人生哲理和有效的人生技术，突出责任意识及其他工程技术人员必备的品德；学业与职业生涯规划，指导学生树立人生理想，确定长期和短期奋斗目标，并落实为大学期间的学习计划；心理调控，传授大学生心理健康常识和常见心理问题的调适技术；文学与艺术鉴赏，音乐欣赏、美术欣赏、文学欣赏。基本能力形成课程可分为：基本分析与数理类课程、语言表达课程（写作课、外语课）、思维方法课程。人格养成课程的实践教学环节有：军事训练、素质拓展训练的人格训练活动、社会志愿者实践、校内劳动实践、体育运动等。

2. 有根才有树

先将理工科与人文科按一级学科设置，形成基础，注重课程知识的综合。

理工科核心课程包括：数理化、计算机与工程、力学、环境保护等。相应的实践课程包括理化试验。人文科核心课程包括：语言文学、历史、哲学、考古与艺术、政治经济学等。

3. 唯有根基牢固才能枝繁叶茂

按学科分专业基础课程，按专业大类设置专业课程拓展专业方向。

专业基础课程都是根据本专业的实际需要而设置的，将各专业基础课联系起来，通过整理与合并，从而形成一个整体的主干基础。并且在已形成的主干基础上，再将每个专业划分为一个个由 3~4 个主要课程形成的必修课，进一步形成专业方向次干的系列课。

根据专业方向的不同，设立专业性的课程，以满足不同学生选修的要求，从而拓宽专业领域。专业课中含有相应的实践内容，具体环节包括：课程设计、实验课程、毕业设计、工程训练。

在专业课程初始阶段，可以设置层次课程，供学生选择，从而充分调动学生的积极性，实施分层次教学，实现因材施教。通过设置灵活多样、覆盖面广的选修课程，使学生获得全面素质提高。

基于目标的课程体系主要表现为：层次分明、重点突出，实现了整体优化，从而逐步形成更加成熟的教育团体。首先，必修课程可以让学生掌握基本知识，获取必需的能力以立足于社会。其次，通过选修课程的设置，进一步提高学生学习的兴趣和能力，实现多样化发展。此种体系为培养更为突出的创新型人才奠定了基础，并且通过预先的目标设置配以相应的主次分明的课程体系，不仅培养了学生的基本能力，而且体现了当下以教育为本，培养高素质人才的理念。

二、创新人才培养的运行机制

（一）实践教学体系构建

根据创新以及创新人才的定义，对知识的实践应用能力是创新人才素质的核心组成，因此，培养学生的"实践能力"尤为重要。

1. 实践能力的形成及其发展

实践能力不仅是表面意义的实际操作能力，而是一种整体能力的体现。由于其涵盖了心理、教育、哲学等各方面的内容，因此为了更全面地认识和理解实践能力，需要从以下几个方面介绍其含义。

（1）实践和实践能力

①从心理学角度

实践是指在认识指导下的解决问题的过程。实践能力是指人通过已掌握的知识以及技能解决实际生活中遇到问题的能力，是完成实践活动所必需的心理特征。

②从哲学角度

实践是指人能动地改造和探索现实世界的一切社会性客观物质活动，客观实在性、自觉能动性和社会历史性是实践的基本特征。实践能力是指主体有目的、自觉的改造客体的能力。

③从教育学角度

教育所说的实践能力是相对于认识能力提出来的，指个体解决实际问题的能力。我国学者傅维利教授指出实践能力是问题解决的完整过程所需要的素质条件。从现实的教育角度来看，实践能力主要是指学生在学习专业课程的基础上习得的，能够参与社会生活，适应社会生活，解决实际问题的能力。综上所述，实践能力是一种广义的概念，并非人们通常认为的是一种动手操作能力，而是指一切解决问题的能力，它的核心思想即解决问题，它的核心特征是必须从个体实践中形成和发展。从实践能力的定义中引发的对于我国目前的人才培养机制的认识，实践能力主要体现为通过已有知识，利用现实生活中的材料器皿开发大脑，设计制作全新的发明创新。这既体现了知识的灵活运用，也锻炼了动手能力，更为以后的生活创造一条道路，当然这只是实践能力的细节体现，是通常意义上的动手能力。除此之外，它还包括观察能力、逻辑推理能力、自然实践能力以及运动实践能力等，是个体在生活和工作中解决问题显现的综合性能力，是个体生活工作必不可少的，它不是由书本传授的，而是由生活经验和实践活动磨炼得到的，很难用试卷分数衡量高低，只能通过表现来评价。由此可见，实践能力不是单独的一种能力形式，而是综合能力的一种体现，是个体发展的一个综合指标，反映了个体主体性的水平，实践能力的培养具有提高个体综合水平的重要意义。

（2）实践能力的发展

通过以上实践与实践能力的联系，对如何发展实践能力有了更为全面更具体的认识。在此就实践能力的发展作简要概述：①人的实践能力并非先天就有，而是需要多方面的综合训练和不懈努力才能形成和发展。实践能力的形成和发展只能在实践中完成。②实践能力并非是一蹴即就的，而是要经历一段可长可短的过程才能最终稳定。实践能力的发展并非如人们想象中那般容易，它是在经历了各种困难之后逐步确立的。一般而言，实践能力包括三个方面：基本能力、专业能力和实际解决问题的能力。首先，基本能力是实践能力的基础，是在学习过程中获得的能够踏足社会的能力。其次，专业能力是在基本能力的基础上，经过不断的学习以及在实践中吸取错误教训累计经验而获取的。最后，通过前两项能力的优化整合，以及日积月累的各方面能力的综合培养，最终形成实际的解决问题的能力，以灵活适应不同时刻的挑战。由此可见，实践能力是一个综合性的发展过程，是一个由低到高、由简单到复杂的连续的生成过程。实践能力发展不平衡。并非每个个体都拥有良好的实践能力。就像不是每个人都学习成绩优良一样。在社会实践中，不同的个体吸收程度不同，相应地，获取的实践能力也就不能相提并论，因此才会出现优良差的评判。也由于此种原因，社会才会多样化，才会有各行各业激烈的竞争。

2. 制定全程步进式实践

教学体系的基本原则全程步进式的实践教学体系是指从横纵两个方面出发，使实践教学成为一个不断提高，层层渐进的整体性优化的系统，以使学生能够实现一个从基本实践知识能力、专项实践知识能力到具体情境中运用的能力的目标的达成。

（1）全程性实施的原则

由于实践能力的不断发展是一个从整体上不断循环拔高的过程，但是实践环节的教授内容又常常伴随着理论课程。所以，在构建实践教学体系的过程当中，一方面要在横向方面弄清楚各个实践教学课程的教学内容、目标和实践方式，使他们之间能够彼此协调，促成一个相互连接的体系；另一方面在纵向方面，需要以学生的实践能力发展的规律为基础，按照从基本实践知识能力、专项实践知识能力到具体情境中运用能力的目标的达成的发展线路，一边要注意课上的实践教学的内容，一边又要对实践的环节进行设计，尤其是要把实践的内容从课程中分散的状态进行纵向的整理，从而构建一个综合性的实践教学的步骤。要结合考量第一课堂的实践教学内容和第二课堂的实践教学内容，使两者能够有效地连接起来。各个实践教学的环节之间要相互合作，层层渐进，不断拔高，从而促进步进式全面优化的实践教授体系的形成。

（2）开放性和层次性的原则

因为个体在实践能力形成发展方面存在的差异，强制性的全体一致的实践能力锻炼培养的基准是不合理的，而应当遵循因材施教的理念，建造一个分层的开放式的实践教学的体系。层次性要求将实践教学内容设置为三个层次，即基本、提高和拓展。基本是指学生应当达到其专业课程所设置的最基础的能力层面的水平；提高层面的要求则超过基本层面，要求要让实践动手能力较好的学生能够找到提升的方向；拓展性层面的项目是拥有实践个性的项目，为满足有兴趣的学生的需求而设置。实践教学内容的开放，体现出了可选择性，开放性的项目一般均设置为选修性课程。

（3）综合性的原则

各种情境之下遇到的大多是综合性问题，因此对解决此种问题能力的要求也是有综合性的。综合性不是要求对于基础的实践能力进行组合，而是对实践能力提出更高水准的要求，要求学生在日常的实践当中进行训练和提升。所以综合性的实践教学项目在学生能力形成发展的不同阶段都应当开设。此类项目可以是通过某门课程的知识的有效整合，而设计与课程知识相关的综合性的小型教学环节，也可以是对分布在某几门课程当中的实践内容加以整理合并，从而建造出具有综合性的大型的实践教学项目。另外课上的实践、课外的实践与社会实践的有机结合式锻炼也是综合性原则的表现。

（4）研究性的原则

从发展学生的实践创新能力的角度来说，研究性的实践教学项目的设计和展开，也可以说是锻炼学生的创造性思维，是提高实践创新能力的关键。在各个不同的阶段，研究性实践项目的设置要以学生已经掌握的基础层面的实践能力所达到的水准为基础，可以在教师的引导之下做科研项目的方式，同时也能以学生之间自动的发起、开展的研究性学习的方式进行。此类项目的设计既可以是专门的模拟性，也可以是现场的实际发生的。

3. 对实践教学系统的全面性整合

优化对学生实践动手能力的培养是一个系统性工程。培养大学生实践能力不能将方法限制在实验操作、专业实习以及毕业后单位实习等的方式，而要在创新和实践能力发展形成规律的基础上，遵循前面所讨论的根据课程设置的体系来制定相应的办法，要对学生各方面实践动手能力的形成和发展进行研究，用全面性的大学生创新实践培养带动对实践课程局限性的改正，以各个环节的阶段性结合能力培养发展的全程性，以学生个体的差异性结合能力培养的一致性，结合课上的内容教学和课下的实践，通过课上与课下、选修和必修，建造一个从基本到特殊、从形成到发展、从简单到复杂、从模拟到实践、从实施到设计到创新的全程步进式的实践教学系统，从而达到实现实践教学系统的全面的整理和优化。

结合所在专业的特征，有针对性地制定专业实践能力的培养系统，分解实践教学的目标，将其转为大学生在各个阶段、学期应当完成的训练内容，对于学生根据个人的基本能力、需求、兴趣等目标制订"大学生全程步进式实践能力创新训练"计划进行引导，使学生明确目的，细化步骤，对长期的实践能力、创新能力进行有计划的培养和发展。

4. 实践能力教学体系的基本架构

（1）基本的实验能力

实践的内容有：对课程内容的验证性实验、对使用仪器设备的训练、针对专业的实习等。

（2）专项的实践能力

实践的内容有：对课程内容的综合性的实验、独立的综合实验、设计实验、课程设计、职业资格的专门性培训等。

（3）解决实际问题的能力要求

实践项目有：设计和研究性的试验、专业实习、毕业规划、社会实践项目，工程实践项目等。

（4）仿真实践训练

现代工业的复杂程度、技术集成性、运行的安全性以及自动化等方面正在向高水平高要求的方向发展，学生在毕业之后是否能适应工作以及适应速度等方面的问题要求仿真的实践训练。让学生在仿真实践当中，对解决具体实际问题的方法进行探索和把握，对必须要掌握的实践能力进行锻炼。

除此之外，也可以在培养方案的要求之外，再设计一些可以引起学生兴趣的实践性项目，让学生在课程学习之外，通过自己选择的适当方式加以进行。

（二）第二课堂培养体系构建

1. 培养体系在第二课堂的制定规则

由于学生个体的差异性以及非智力因素等方面的原因，制定培养体系应按照以下规则。

（1）多样性

第二课堂活动主要是要带动学生校园的课余生活，然后完善他们的人格目标，提供让更多学生参与的途径，通过活动内容和形式的多样性，让他们在活动中找到兴趣和爱好。

（2）创新性

第二课堂的特点在于开放灵活，所以活动中需要更多地体现出创新。各种活动可以充分发挥大家的想象力，不制定任何标准。

（3）实践性

有关课外的活动主要是实践性比较强的，让学生参与进来，在这个过程中锻炼自己各方面的能力，同时也可以掌握更多的实践策略，学到更多的知识。

（4）层次性

大学生层次具有多样性，例如知识，能力以及年级，因此在做顶层设计时，就需要进行多方面准备，可以让不同层次的学生都有选择的空间。

（5）宽广性

活动不一定非要在学校里办，也可以拓展到校外，甚至是企业、社区，在社会这个大舞台上锻炼和教育当代青年大学生。而且参加社会实践活动，可以培养当代大学生关心国家和人民的责任感，提高他们判断问题和解决问题的技巧。

2. 我国高校第二课堂在创新人才培养上的助推体系

根据以上的构建原则，以及各个高校在建立第二课堂培养体系过程中的实际做法和经验，可以得到我国高校第二课堂在创新人才培养上的助推体系。

该助推体系包括目标层、计划层、实施层三个层面。目标层即该体系所要达到的人才培养的目的。在现在这个时代，我们培养知识和创新兼具的人才，主要是面向社会，世界和未来，为祖国孕育更多具备创新思维的能够适应社会发展的质量较高的人才，为实现社会主义现代化而奋斗，为成为创新型民族而努力，努力提高我国的综合国力和在世界中的竞争力。良好的创新人才应具备以下特点：①实践能力强；②创新观念深；③工程技术高；④综合素质高；⑤国际视野宽。这五点也是助推体系所要达到的人才培养目标。计划层是实现该助推体系的可执行计划和方案。该体系的建立首先要求高校注重体制机制改革，为第二课堂助推创新人才培养创造制度环境。校企联合培养和创新平台建设是助推体系执行计划的重要方面。校企联合培养是吸纳和整合一切可以利用的社会资源，加强校企合作，共同为学生的工程实践提供坚实的基地。创新平台建设是在学校内部为进一步发挥第二课堂优势，激发学生科研兴趣和热情，而创造的各种科研创新平台，让广大学生尽情地发挥并培养创新科研能力。通过以上两项计划，充分发挥第二课堂作用，激发学生科研兴趣，最终提高学生的自主科研能力，完成创新人才的培养。

实施层是该体系具体执行的措施和办法。这是对应计划层具体而详尽的实施措施分解。如在体制机制改革方面，包括资金支持、师资建设、创新学分等措施；在校企联合培养方面，包括企业实习基地，企业导师等措施；在创新平台建设方面，包括科技竞赛、创新实验室、创新课堂、国外交流、创新立项等措施，同时通过科普活动和学生自主科研，进一步提高学生的科研兴趣和自主科研能力。通过以上三个层次内容的搭建，形成了多维度、多层次，系统、科学、合理的第二课堂在我国高校创新人才培养上的助推体系。下面就每一项进行分别阐述。

（1）体制机制改革

①资金支持

学生作为"无产阶级"，没有固定的经济收入，他们的开支也基本来自父母的支持，所以为支持学生进行自主科研实践，高校必须在资金上予以足够的保障。因此高校要成立专门的工作组织领导机构，全面领导学生自主科研活动的各项工作；制定及调整学生自主科研的主要政策措施；审查学生科研经费的使用情况；决定先进集体和个人的奖励事宜等。在经费管理制度方面，应确保足够完善。学生要申请费用，必须有较详尽的相关项目经费预算方案，通过专家审核通过方可执行。项目资金支持主要有以下几个方面：企业研发项目经费（校企联合项目）、企业（校友）资助、学校科研风险管理基金以及学生自主科研实践培养计划发展基金（培植自主科研项目、吸纳企业项目产生的相应费用、支持学生科技创新竞赛等）。对于不同类型的项目，其资金来源不同，其分配比例也应有所调整。例如，企业委托项目，主要由学生依托自身专业优势和研究成果，与企业进行洽谈，获得的企业研发项目或课题。项目经费的绝大部分（大于90%）应归企业项目组支配，少部分（小于10%）由科研风险管理基金或学生自主科研实践培养计划发展基金支持。对于校级竞标项目，主要由学校相关部门和专业教师广泛联系，获得由企业提供实施经费，由学生自组团队，进行竞标并承担的项目或课题，其主要资金支持将来自企业。对于自主创新项目，学生自主选题，通过校级评审，获得立项后，由本科生自主科研基金给予一定比例资助。

②师资建设

师资是教育资源中最重要的人力资源，师资队伍的整体素质直接影响创新人才培养体系的有效实施。创新人才的培养依赖于卓越的大学教师，师资队伍建设必须紧密配合创新人才培养计划。

首先，完善教师激励体系。可实行较完善的年终考核制度，对教师的创新项目予以一定奖金支持等。

其次，应强化对教师实践经验的要求。可以有计划地在相应的工作岗位中将教师培养两年，以增加经验；把企业工程实践经历与教师职称评定挂钩；考核和评优中，对有企业相关工程经验的老师给予优先政策。

最后，考虑接受那些具有相关经验的老师。加大对有工程实践经验的高职称、高学历人才的引进力度，优先聘请有企业工作经历的专职教师进行授课或指导学生进行相关的实践，或者可以选择从企业中聘请那些技术较好并且表达能力也还不错的教师作为兼职教师，其中技术非常好的，还可以作为专业教师进行授课。

③创新学分

设置第二课堂对当代大学生所产生的积极作用是不可置疑的，但是，由于课业压力等原因，大家往往会将这个课堂放在一个附属位置，而不去重视它，从而导致第二课堂不能高效地进行，其效用也就很难体现。针对以上这些情况，创新学分的想法应运而生，在第二课堂活动中引入高校第一课堂现有的学分制，以加强和规范对第二课堂的管理和指导，对卓越工程师的培养起到更好地助推作用。

建立创新学分制度要立足于"以学生为本"的原则，通过创新学分更好地激励学生主动参与到第二课堂的活动中去，切不可过分强调学分形式，使学生迫于制度必须参与活动，这最终会使学生没有浓厚的兴趣，反而会引起学生逆反心理，造成不良影响。

本助推体系提倡建立的创新学分制度，要求高校充分调动学校、学院、学生各个层面的力量，坚持目标导向性、保持个性化、可操作性、选修必修共存等原则，根据第二课堂创新活动的特点，设计出一套完整的创新学分体系，制定切实可行的创新学分管理办法。

（2）校企联合培养

开展校企联合培养学生创新体系，通过与企业联合培养来改善高校办学资源，成为保证创新人才培养质量的一条重要途径。

①企业实习

改变传统的学校课堂教学形式，利用学校和企业两种资源，将课堂教学和企业的实习相结合，以便更好地培养创新人才。本体系提倡由学校和企业共同组成联合培养指导委员会，制订培养计划、目标等方案。对低年级的学生偏重要求其掌握基础专业知识，但对高年级的学生应减少其校内课程的安排，为学生到企业实习提供良好的环境。可根据专业特点安排不同性质的实习，在校企联合的培养机制下，推荐更多的学生到岗位上实习，有条件的可以进行轮岗工作，使学生全面了解不同企业的不同工作，为今后的发展积累更多的经验。

学校安排的实习形式可以多样化，可以是简单的专业实践，在专业实验室内模拟企业的现状，通过模拟实践使学生更直观地了解企业；也可以是周期不同的企业实地实习，如周、月、季、学期、学年等不同的周期实习，可根据不同专业的特点安排，做到最有效地让学生了解企业、熟悉工作。当然，高校也应鼓励学生通过互联网等渠道，为自己寻找更多好的企业实习机会。在学生进入企业实习之前，应端正其对待实习工作的态度和认识，并切实保障学生的权益。

至今许多高校都针对企业实习采取措施，并取得一定的成效。例如，北京化工大学为学生提供了燕京啤酒厂、同仁堂制药有限公司、北京中科院华大基因组等认识实习基地，沈阳红梅味精厂、秦皇岛领先科技有限公司、华北制药厂等生产实习基地，天津大学在特色专业建设过程中，率先在工商管理专业推行夹层式教育模式，即大三上学期不安排专业课程，而是将学生全部安排进入企业实习，为学生的企业实习创造了良好的条件，并取得了显著成效。

②企业导师

近几年，高校对工程型硕士研究生的培养逐渐采取高校教师和企业导师共同培养的双导师制度，旨在从学术和实践两个方面对学生进行更好地培养，虽然企业导师制尚不成熟，但为了更好地实现创新人才的培养，各高校均有必要加大对企业导师的引进力度，推行切实可行的规章制度，切实发挥企业导师的作用。

企业导师主要可采取两种形式：一是从相关企业中选拔一些高技术人才作为实践教学

的老师或者从事指导研究生的工作，这样可以更好地让学生了解现在的社会和企业的人才需求现状；二是在企业中寻找实践经验丰富的工程专家，担任学校的兼职导师，在学生到企业参观学习或短期实习中给予技术指导，或配合学校教学工作中进行实践教学的环节。

清华大学经过与多家企业的讨论和修订，先后形成了《清华大学本科生实践教学基地合作邀请函》《清华大学—企业校企合作指南》《清华大学—企业校企合作协议（模板）》《实践教学基地教学大纲》《实践教学标准与管理规范》等整套文档，为提高合作效率，规范合作模式，保障教学质量奠定了基础。

（3）创新平台建设

为了更好地开展高校第二课堂的各项教学活动，从而助推创新人才的培养，必须完善课外实践的制度，丰富创新活动的内容，保障实践教学资源，注重课外活动制度建设，从而搭建一个具有目标性和制度性的课外实践创新平台。

①学科类竞赛

竞赛的目的在于使大学生将学到的理论知识运用到实践中去。学科竞赛的过程大致可分为：参赛者组队；对竞赛题目的分析、讨论；资料的搜索和查询；方案的设计；实物或模型的加工制作和调试；撰写设计总结报告或科研论文；演示答辩和评审。而学生则可以通过举办这个活动，提高自身的各种能力，例如，创新能力，组织执行能力，团队合作能力等。目前，高校普遍开展的国家级学科竞赛包括由团中央、教育部、中国科协、全国学联联合主办的挑战杯"全国大学生系列科技学术竞赛"，分为课外学术科技作品竞赛和创业计划竞赛两类，全国数学建模大赛、全国大学生电子设计竞赛、英语演讲等。但受到参赛经费和规模的限制，学生的参与面不广。学校可以根据自身实际情况拓展竞赛种类，推出物理、化学、机械设计、结构设计、程序设计、机器人、多媒体设计等一系列学科竞赛，让更多的学生参与和受益。同时，竞赛也可以多层次开展，如开展院系级竞赛，参加省级、国家级、国际级等竞赛。

②创新实验室

创新实验室能够有效地利用实验室资源，发挥实验室在人才培养和科学研究中的作用，为更好地激发学生的创新意识，为学生自主性、研究性学习和开展创新性实验创造良好条件。实验室遵循"以学生为主体，教师启发引导"的原则，由学生自主开展实验项目，重在培养学生的自主实践能力、分析问题和解决问题的能力，鼓励学生进行创新性实验，具体措施如下：

首先，需要保障实验室的硬件设施齐全，根据专业需求不同，配备必要的实验设施，如化学药剂、物理仪器、计算机设备、实验数据库等，保障实验室的硬件设施能满足学生课内外活动的需求。其次，创新实验室与普通实验室的主要区别在于实验室理念的创新，指导教师的指导方法和管理学生制度的创新，学生在实验室内进行研究探索都要有强烈的创新意识，为实验室营造良好的创新文化环境等。最后，采取一定的激励措施，以保证实验室创新能力的持续发展性。如对参与学生创新能力培养的指导教师和部门进行考核，表现优异者给予工作补贴或优先考虑评优、晋升等奖励；对参与科技创新活动的学生，采取经过考评增加其学分、实验室工作冲抵选修课程等激励手段；对于获得国家、省级、校级科技竞赛获奖的同学给予物质奖励，并在毕业时优先考虑推荐其作为免试研究生等。

③创新课堂

创新课堂要求高校改变传统的填鸭式的授课方式，将创新理念引进课堂，特别是第二课堂，充分调动学生的学习积极性和兴趣。

④国际交流

经济全球化的背景促进高校教育国际化的发展趋势，这就要求高校为学生提供真正融入全球化意识环境中的教育体验，培养出更多符合知识经济时代需要的具有国际视野的高素质人才，从而促进经济和文化的发展，推动人类社会不断进步。

高校应开展更多的国际交流项目，加大国际交流经费投入，力求使更多品学兼优的普通学生有机会感受国外的教育，为学生提供更广阔的国际平台。

⑤科研训练

要使高校培养的学生成为符合目标的高水平创新性人才，高校应该把更多的实践机会提供给学生，创建更多实践平台，带领大家参与更多地实践活动，通过参加各种大大小小的科研项目，改变以往的模式，将其变为发展学生个性的一个平台；让学生加入更多创新的成分，去挖掘理论和实践结合的方法，更好地提高大家对科研的兴趣。

高校鼓励学生创新，参与自主科研活动、科技竞赛等活动，前提是必须拥有足够的指导力量，让学生能接受系统科学的培训，避免学生参与活动的盲目性，让他们能在科学地指导下有目的、有针对性地开展研究，这对于学生和学校的发展都十分重要。

（4）学生自主科研

通过机制体制建设和创新平台建设，在校内创造一个良好的环境条件，保障学生的科普活动，激发学生的兴趣，促进学生的发展。通过校企联合培养，挖掘企业资源，采取以"科研项目为主导、以学生为主体，以教师为指导"的项目化运作模式，实施自主科研。

科普活动。为实现第二课堂的助推作用，高校应在自主、自愿的原则下，开展符合学生兴趣的科普活动。例如，学习交流、机器人大赛、挑战杯等兴趣小组活动、不同规模的专家讲座等，这些科普活动可依托高校内不同的学生团体。

如今的学生社团在大学中有着很重要的作用，可以提高大学生的主观能动性、合作性、创造性；是大学生用来挖掘自己潜力的一个舞台，与此同时，它也是一个传播文化的有效载体。学生社团的种类很多，性质各异，名称也五花八门，如学生会、科技协会、创业协会、文学联合会、书友会、学科研究会等。高校依托社团，针对社团的不同性质开展相应地科普活动，如学习类社团可在学习交流活动上作出贡献，科技类社团可以举办形式各异的机器人大赛、航模比赛等，学生会等可以邀请学校知名专家针对学生感兴趣的话题开展讲座、座谈会等。

从学校的角度看，学校对学生社团的管理要有一套办法，出台相关的制度，在指导老师的指导下，充分发挥学生的自主创新能力，开展积极健康的系列活动。

自主科研。自主科研旨在支持并鼓励学生研究团队积极寻求、承担企业（社会）项目，解决企（事）业的实际问题，也包括学校有关部门需要研究解决的实际问题（包括专业教师提供的科研小项目）和学生依据自身科技创新想法，开展的自主创新实践项目。提倡项目团队依据自身的科技创新成果和科学研究能力，利用学院的专业教师、校友等渠道资源，广泛联系企业，寻找合作伙伴，承担企业研发项目。学生也可自主选题，通过校级评审，获得立项后申请学校项目资金支持或由专业教师提供科研小课题，组建项目团队承担项目的研发。

通过第二课堂助推体系的建设，实现与第一课堂的对接，并成为其有效延伸，强化学生的工程创新意识，激发学生的工程创新兴趣，提升学生的工程创新能力，增强学生的责任意识和奉献精神，上述课程体系建设和实践教学体系共同构成我国高校创新人才培养的"双轮驱动"，让第二课堂教育有阵地、有发展、有作为，成为创新人才培养的有效支撑，最终探索出一条适合国家、社会、学生发展需要的创新人才培养的运行机制。

三、创新人才培养的保障机制

在确定创新人才培养的目标机制和运行机制后，需要建立创新人才培养的保障机制，通过科学的管理规章制度以及在实施过程中的控制机制对其运行进行保障。

（一）制定管理规章制度

创新能力的形成和发展易受内扰和外扰影响，管理部门（也即控制器）通过制定管理政策，调动与激励发展性内扰，降低障碍性内扰效用，可以成功起到保障大学生创新能力形成与发展的作用。

1. 人才培养应处于办学中的中心地位

高校的核心功能是人才培养。为了这一核心功能，学校应确立高校科研与教学、社会服务与教学的关系。教师进行科研的目的是提高教学质量，为培养一流人才服务；学校服务社会的目的是为提高人才培养质量创造有益的社会资源。在具体的办学中，建立科学、合理的评价体系，引导教师投入教学、研究教学、发展教学，才可能使人才培养与科学研究进入互相促进的良性循环。

2. 办学应以教师为主体，教学应以学生为主体

第一，教师的行为是传递与带动学生，培养出创新人才，教学过程本身就是实施创新的过程，教师在其中起着决定性的作用。所以，培养创新人才最重要的是依靠老师，而充分调动教师教学积极性的制度和政策也是必不可少的，这样可以使教师全力投入精力研究教学，充分发挥创造性，掌握教育创新的方法，热爱学生，关心学生，精心教育。第二，学生的成长是人才培养的出发点和归宿。因此，为了使学生能够按照自己的兴趣和爱好选择性学习，不拘一格发展自己的个性和特长，学校的教育教学管理应从学生的实际出发，尽力给学生提供更大的空间和更多的选择，给各类学生个性的发展和张扬创造条件。

3. 要有尊重知识、崇尚创新的氛围

有营造尊重知识、尊重人才、尊重学生的校园文化，和一种能容忍并鼓励学生进行学术质疑和批判的人文环境，才是以培养创新型人才为重任的大学。因为只有不同学术思想的教师与教师、教师与学生的不断交锋，学术才能获得发展，大学及教师中学术应有的精神才能传达给学生。研究科学的第一要务应当是严谨治学，大学里的学者和学生要热爱学问、忠诚学问并献身于学问，力戒浮躁、急功近利，这既是大学的本分，也是大学对国家负责的资本。要促进学生形成不甘示弱、奋发向上的进取精神，就要重视培育大学竞争意识，激发大学的生机、活力和动力。

最后，保障创新人才成长还需要建设环境优美的校园、设施精良的实验室、丰富的图书资料等。

（二）实施培养方案

教师给学生传递教育信息的过程就是培养方案实施的过程，教育教学内容和学校的管理规章制度包含在信息中。学生的创新意识、创新精神和创新能力需要教师在一定的教育思想观念指导下，通过适当的方式，对学生进行教育教学活动。优秀的教师队伍、良好的实践条件是保证创新教育进行的重要条件，适当的教学方法是培养方案实施过程中培养学

生创新能力的关键。

1. 高水平师资队伍要有相关专业背景

教师教学是创新人才培养方案实施的主要渠道，因此，创新人才培养的关键是建设一支高水平的教师队伍。对于我国高校来讲，教师应具备如下的素质：①知识丰富。教师本身必须有较宽的知识面和复合型专业知识结构，这样才能适应创新人才培养的要求：科学与人文融合，知识面宽，基础厚。②自身拥有创新精神。用一定的方式培养学生必须采取一定措施，教师在教学中传授开展创新研究时积累的创新经验，是教师开展创新实践的良好途径。教师在科学研究中创造新知识、新方法、新成果，也是很好的创新教育素材，教师勇于创新的精神，也是学生学习的榜样，可以感染学生，激发起他们的创新精神和创新欲望。③要会工程实践。工程教育与高校学生实践能力息息相关，高校教师必须具有工程背景才能很好地将工程领域的问题理解好并传递给学生。尤其是现在，高校教师虽然学历学位很高，但他们通常是从校门走向校门，普遍没有工程现场工作经历，缺乏工程实际经验，很多并不能很好地驾驭工程领域的教学内容，因此教师格外需要工程背景。④要有强烈的责任感和使命感。仅仅靠课堂教学培养学生的创新能力是不够的，培养学生分析解决问题的能力需要课外更广阔的空间。由于当前教师教学、科研任务繁重，与学生进行接触的时间和精力比较少，这对于培养学生的创新意识和创新能力是非常不利的。教师应该与学生进行精神与情感的沟通，潜移默化地培养学生的创新人格，成为学生的良师益友，在交流的过程中掌握学生的现状和需求。⑤视野国际化。在立足我国国情培养创新人才的同时，还必须要了解国外高等教育改革的进程与方向，发达国家和地区先进的科学技术，完善的培养机制，是创新教育的良好内容，只有通过与国际高等教育界的交流、合作，汲取有益的经验，才能加快我国创新人才培养的步伐。

2. 需要良好的实践实验教学条件

实践教学得以开展、学生实践能力得以提高、创新能力得以锻炼需要良好的实验实践教学条件。因此，实验与实践条件的建设在我国高校创新人才的培养中特别重要。①在实践基地建设中，为了保障基本实验的开出率达到100%，首先要加强各类实验室建设。②将本科教学实验室建设与科学研究与社会服务需要相结合，才能提高实验室建设的水平。改变本科生实验室只是开展验证性实验的误区，使本科教学实验室也可开展科学研究，从而使本科生很容易就能接触到科学研究的内容。③为了有效补充现场实习的不足，高校要特别加强校内实践基地的建设，建设与现场环境相近或一致的产学研一体化的工程实践基地。④为了使学生有足够的空间实践自己的创新思想，需要依托实验室建设校内大学生创新实践基地。⑤在企业建立不同形式的实践基地，即通过产学合作、科技开发、成果转让等途径实现。建设工程现场实践基地包括实习基地、见习基地、社会实践基地等，使学生到社会、企业真实的环境中实践锻炼，体会其中真实的问题，锻炼工程实践能力。

3. 教学方法的创新

知识的程序性是关于知识的"怎么做"，是创新的基础。大量的实践和练习证明，个人可以获得知识的程序性，而且还能实现自我知识的自动化，提高自身的创新能力。学生创新思维、创新能力的培养，首先要开始改革课堂教学，改变以前单一的灌输式授课方式，采用启迪学生思维的多种教学方法。对学生大胆发表见解要给予鼓励，营造出一种活跃的教学气氛。加强在教学中的实践和让学生尽可能地参与，引导学生在实践中学习、发现问题和解决问题。这里列出并分析了一系列以学生为主体的教学方法。

讨论教学法与合作教学模式。对于答案不唯一的教学内容，经常是老师说什么是什么，这样会极其限制学生的思维，对于这样的教学内容老师可以采用在教学中讨论，组织学生进行讨论的方式。持有不同观点的同学在讨论的过程中可以互相启发，而且还能不时迸发思想碰撞的火花，这不仅可以使思维活跃发散，而且还会积极影响到学生的创造性和个性。为了让这种教学方法更好地开展，我们可以采用一些比较成熟的方法，例如专家发明的"无限制自由讨论法"：由 5~10 人组成一个讨论小组，不要批评，要让学生想说什么就说什么。鼓励学生和学生之间相互补充，每个学生应尽可能地从其他人的想法中找出不足，并提出改进意见。学生的想法越多越好，因为想法越多，就会增加产生新颖独特产物的可能性。从心理学角度来讲，学生在小组中更容易说出自己的意见，让自己的困惑和失败展示出来，合作教学模式能使学生的思维与表达能力得到提高。

合作式教学法还可以被应用到方案、报告、项目设计以及综合性的课程设计、毕业设计等方面。将科学家发现知识的研究过程，适当地运用于教学中，可以使学生在学习中的独创性、思维的逻辑性、批判性和独创性得到提高。我们在教学过程中可以借鉴美国教育心理学家托兰斯的五步法：第一，情境的创设。老师根据教学目标以"启迪者"的身份，运用各种教学理念努力为学生创造一个良好的环境，顺便把教学内容引入。第二，问题的提出。老师指导学生积极的思考、激烈的讨论、大胆的质疑，善于发现问题并勇敢地提出问题。第三，论证的假设。学生在老师的指导下，通过仔细观察、实验、分析和归纳，能够提出一个假设性的解决方案。第四，假设的验证。学生检查其是否可行，可以通过多次实验和讨论，对假设的方案进行验证。第五，知识的内化。学生在主动发现问题、提出问题、解决问题的过程中掌握科学研究的基本方法，来内化所学知识，并自动地使知识内化。

问题解决模式是指通过完成一定的实践任务或解决一定情境中的问题，使学生具有解决实际问题的初步能力。问题解决模式主要用来直接培养实践能力结构中的专项实践和具体情境中解决实际问题的两大能力。经验和策略是问题解决模式最关注的核心内容，也就是美国心理学家斯滕伯格所说的实践智力，所谓实践智力是指个体利用自己已有的知识和经验，配合特定环境，解决实际问题、达成目标的能力。其发展趋向意味着隐性知识的不断积累，由行为的合理性到行动的智慧性。例如，开展综合性、设计性实验等，都是在具体情境中去解决一个专项的问题。

案例教学法是指根据教学目的的要求，老师组织设计一些活动，让学生通过对案例的阅读、思考、分析、讨论和交流，学到分析问题和解决问题的方法或道理，进而使他们分析和解决问题的能力提高，对基本原理和概念的理解有所加深，同时还可以有效地实现课程的综合与融合，能很好地提高学生综合解决大型、复杂问题的能力。案例对于培养学生"解决真实情境中的实际问题的能力"教学很有效。案例教学方法是一种综合性的"学习"方法，案例是一个项目，而这个项目是指发生并已经结束且经过提炼的。

项目学习模式是一种面对未知而探究的学习方法，是依托专业知识背景，通过"做项目"的方式来培养学生专业实践能力，以便为将来的职业生活做好准备。项目学习模式的实施主要通过学生做项目。所谓的"做项目"，是指学生在老师的指导下，以小组形式来发现专业实践领域的实际项目，它属于专业实践，而这个实践是真正抛开其内含的学习性而介入实际生活的，与真实的工作并没有区别。换句话说，通过模拟的方式进行的不是项目学习模式。例如毕业设计、课程设计是为现场解决实际问题的；在指导老师带领下开展的科学研究、一些创新竞赛活动，等等，都可以归为项目学习模式。

四、创新人才培养的激励机制

面对我国效率不高的科技产出、重大创新成果的匮乏、难以涌现的原始性创新、科学大师更是屈指可数的现状，除了受制于投入、条件和人才上的硬约束因素外，缺乏创新文化特别是鼓励优秀人才、鼓励创新创业机制的有效支撑也是关键因素之一。正如宏基创办人施振荣在评价亚洲是否会成为科技创新中心时所说：中国缺少科技创新激励机制。实践证明，传统的高等教育体制和方法不利于创新人才和创新意识的培养，重知识灌输、轻能力培养，重趋同一致、轻标新立异。

高校的专业教学被比喻成生产线，人才培养是"标准件"的"批量生产"模式，不是培养创新人才的有效方法。

在知识经济时代，技术与人才的竞争已经成为综合国力的主要竞争，面对时代的挑战和社会的需要，创新和创新人才的培养已经成为我国高等教育的一项基本职能。《中华人民共和国高等教育法》规定：高等教育的任务是培养具有创新精神和实践能力的高级专门人才，发展科学技术文化，促进社会主义现代化建设。中共中央、国务院《关于深化教育改革全面推进素质教育的决定》提出了对大学生进行素质教育的核心是创新教育的观点。在自主创新的大潮中，高校是科技进步和人才培养的结合点，必须立足于创新型国家建设和创新人才的培养，建立和完善创新人才培养的激励机制，以提高高校学生参与创新活动的积极性，形成敢于创新、追求创新的氛围，促使创新人才脱颖而出，达到培养和造就一批又一批拔尖创新人才的目的。所以我国高校在人才培养方面应该引入有效的激励机制。

1. 心理需要

引入激励的理论根据活动参与者的心理需要，科学地运用一定的外部刺激手段来调动参与者的积极性，激发参与者的动机，使之朝着一定的目标进行的心理过程便是激励。符合活动参与者的心理需要才是有效的激励手段。在一定理论指导下，有针对性地运用激励方式启迪参与者心智潜能的工作系统就是激励机制。如果想在学生科技创新方面获得良好的效益，那么在高校创新人才培养中引入激励机制，便能够极大地调动学生的积极性。

2. 心理分析

高校学生参与科技创新高校学生是高智慧群体，一方面，他们都特别需要实现自我的价值和得到尊重，强烈地渴望成功成才，这是他们在心理需要方面表现出的一定的共性；另一方面，他们的心理需要又存在着丰富的个性差异：决定毕业后立即就业的学生，他们侧重于需要提高自己的综合素质；打算继续深造的学生，极大地丰富自己的专业知识是他们的重点。

简而言之，大学生参与科技创新的心理需要，既有一定的相似性，又有一定的差异性，而且会随着时间的变化而变化。因此，如果要成功构建创新人才培养的激励机制，那么就必须全面地把握学生的心理要求，统一共性和个性，只有这样，广大学生才乐于接受并自觉遵守的制度—高校创新人才培养激励机制才能完善。

3. 内涵描述

高校创新人才培养激励机制总的来说，高校创新人才培养激励机制的运行系统，就是针对高校学生的心理需要，为了实现相关组织的目标，通过设置明确而有意义的目标引导学生的行动，同时运用相应的激励手段激发学生的内在动机，有效地结合组织的共同目标和个人的心理需要，从而顺利地调动学生们在科技创新活动方面的积极性和创造性。由此总结得出，灵活运用激励机制的要求如下：

（1）为了帮助青年大学生确立正确、合理的期望，实现"激励力量"最大化，要注重个体差异性和科技创新活动的层次性

行为的直接动因是"期望"。正是因为这些工作和组织目标会帮助他们达成自己的目标、满足自己某方面的需要，所以人们能够从事某项工作并达成组织目标。著名心理学家和行为学家维克托·费鲁姆认为：人们采取某项行动的动力或激励力，取决于其对行动结果的价值评价和预期达成该项结果可能性的估计。换句话说，该行动所能达成目标并能导致某种结果的全部预期价值，乘以他认为达成该目标并得到某种结果的期望概率，决定激励力的大小。费鲁姆的期望理论告诉我们：在构建高校创新人才培养激励机制的时候，要处理好三个关系。第一，努力与绩效的关系。因为高校学生有很强的求知欲，并且希望通过一定的努力达到预期目标，但是又有惧怕失败的心理压力。为了让学生敢于"跳起来"，又能够摘到"挑子"，这就要求在制度设计上充分考虑学生个体的差异性，注重科技创新目标成果的层次性，从而使学生参与科技创新的信心得到激发，并激发出较强的能量。为了避免他们失去内在动力，导致其创新上的消极。尽量不要把目标定得太高，否则学生将普遍认为即使通过努力也不会有很好的绩效。第二，绩效与奖励之间的关系。人，特别是高校青年学生总是希望取得成绩后能够得到奖励，既包括物质上的，也包括精神上的。构建"激励机制"就是要使学生在取得绩效后能够得到合理的奖励，从而更好地激励学生们的热情，否则大家会丧失积极性。第三，奖励和个人需求之间的联系。对于当代大学生来说，精神奖励是一种更高层次的荣誉，是可以证明大家的肯定程度的。奖励的越好，那么人们的满足程度也就越高，这样以后激发出来的热情也就越大。在实行这项激励过程中，还要平衡期望和实际之间的差值，注重大学生的心理健康发展。如果期望越高，有可能失望越大，容易使学生感到挫败；如果期望值小了，就感受不到激励的作用了。最终的激励结果是使绝大部分人受益。

（2）每个学生都对成功有着向往，为了满足这一需要，就要针对其需求培养创新精神。因为唯有创新才能不断发展，才能与时俱进

许多科研机构都曾致力于人性的研究，有调查发现，许多人在社会工作中积极向上，争取每一步都做到最好，即使遇到很多困难，依旧信心十足，努力想办法解决，直至成功。该机构分析，大多数人存在的这一行为，并不仅是为了成功后带来的物质酬劳，而是在解决问题的过程中实现了自我价值，为以后的成功奠定基础，这就相当于美国人热衷的成就动机论。这一点通常与每个人所处的社会环境，所受到的教育程度，国家的发展状况密切联系的。一般受过高等教育者渴望成功，向往更具挑战性的生活，当生活一成不变时便没有了生活下去的意义，因此他们更愿意在刺激艰险的环境中追寻人生的目标，通过不

断克服生活工作中遇到的困难而获得成就感。例如大学生、研究生甚至是博士，很少有人愿意从事不符合自己学历的工作，当然这不见得是好习惯，但是从中也体现出人们对成功的渴求。虽然有挑战固然好，但是更多的人还是选择在自己能力范围内的挑战，即自己能够克服的困难。因为如若挑战不成，迎面而来的就不是对成功的渴望，而是一而再再而三的打击了。

面对挑战和困难，脚踏实地的解决是重要因素，另外还需要培养创新精神，唯有如此，才能实现更大的成功。在当代，提倡素质教育更是提倡创新精神。创新精神意味着能够综合运用已有的知识、信息、技能和方法，提出新观点新方法，从而有发明创造革新的意志和勇气。校园内有许多为了鼓励学生迎接挑战设立的一个个比赛，如编程比赛、奥数比赛或歌舞比赛等，目的不是为了让学生拿到奖励，而是让其在参与的过程中积极开发思维，培养创新能力和创新意识，在活动中获得满足自身需要的成就感。发明、创造、比赛不是目的，最重要的是过程而非结果。随着教育体制的不断进步，目前各个高校都向着这一目标不断前进，旨在培养学生更突出的创新精神。

当代是知识经济时代，创新是显著标志。创新精神包括创新意识、创新理想、创新兴趣、创新胆量、创新决心等。创新精神首要条件是创新意识，而创新意识首先表现为好奇心，爱因斯坦说过："我没有别的天赋，只有强烈的好奇心。"其次，对学习研究的事物永不自满。另外，创新精神还要有创新理想，创新理想是指想要成为创新人才的理想，要想成为创新人才就要坚持不懈的努力。除了上述几点，创新精神还注重创新兴趣，因为有兴趣才有动力，也因为兴趣，在获得成功以后才会有更充实的满足感。综上所述，具备一定的创新精神才能在激烈的竞争环境中脱颖而出。

（3）坚持以绩效为核心评价点，对角色和责任意识进行强化，建立及完善高校大学生科技创新项目表彰和奖励体制

美国的行为学家爱德华·劳勒和莱曼·波特提出的期望激励理论所持的观点是："激励"影响一个人是否努力和其具体努力的程度大小；工作的实际绩效由能力大小、努力的程度高低及对待完成任务的理解程度的高低共同决定；奖励是以绩效为前提基础的，而不是先奖励后产生绩效，是必须先完成任务才有资格接受精神上的和物质性的奖励。在人们发现奖励与绩效的关联性很差的时候，奖励就不再能成为绩效的刺激；奖励措施是不是会让人们产生满意的心理状态，这取决于被激励的人所认为的其获得的报酬是不是公正的，如果被认为是符合公平原则的，当然会产生满意，反之产生的就将是不满，同时满意将会导致被激励的人进一步的努力。

期望激励的理论告诉我们：对于高校大学生的科技创新活动，并不是设置了激励的目

标、实施了激励的手段，就必然能够获得所期待的努力、付出以及行动，并能够使大学生们满意。想要促进一个从激励到努力、到绩效、到奖励、再到满足、并得到努力的回馈的良性循环的形成，就需要建立一个从申报到评估、到立项、再到分层次、从分阶段资助、到中期检查、到资助配套、到评审、到公开答辩、再到评奖，以及项目后期的学术成果报告会、巡回展览、奖励表彰等一系列将学生的科技创新工作进行规范化的制度，包括科研项目专项基金的创设，针对学生的科研训练计划的实施，校内外可利用资源的整合，科研创新的实践项目基地的落实，实践教学环节的强化，本科生导师制度的建立和实现等，此外还有多样性的专门人才培养模式的构建、个性化教学培养方案的设计、基础性教学内容的安排、学生主体化学习的养成、现代化教学手段的引进以及教学科学化管理的探索等。

大学生的科技创新使师生之间、同学之间的学习和互动成为必要，同时也是有可能实现的，创新从根本上说一个人不能独自实现，这样的大学生创新活动一方面让学生感受到主体性，另一方面也通过师生，同学之间的互动来实现互动性。所以在高校创新型人才激励机制的建立过程当中，教师要担负起进行创新思维教育和教育模式研究的责任，同时教师也要被纳入这个激励机制当中，从而提升教师参与到创新教育和指导活动当中的积极性。

五、创新人才培养的评估机制

为更好地运行高校创新人才培养系统，还需要对系统进行反馈。一是对相关教学系统的检测，包括对老师上课的评估，对学生学习的评估，这种检测最终可以通过教学相长的程度来检测；二是对相关培养系统的检测，包含对学生综合素质的检测等。检测完以后及时地将结果反馈到相关系统中并进行调试运行。

（一）评估的基础理论

关于教学评估的理论基础课堂教学关系到教和学两个方面，涉及结果的两个维度，其理论基础也是相当丰富的。

1. 有关目标理论

美国教育学家泰勒的理论主要是强调把学生的行为目标拿来评估，通过测验学生的行为证明教学计划应达到的目标，通过评估可以了解到教学后的质量和效果。通过对比，可以知道偏离程度，从而可以更好地接近目标。

美国教育学家卢布姆提出了一个分类模式。他认为：目标是教学评估的基础。然而这个目标可以分为很多不同领域，例如，学识领域、情感领域和技能领域等，而每个领域在实现过程中都有相对应的系列。

这项理论可以用在教学中解决"评什么"的问题。

2. 多元化的智力理论

多元智力理论是由美国心理学家霍华德·加德纳教授提出的。在他的理论中提到的有几种要素组成的智力结构，包括：音乐智力、人际交往智力和自我认识智力、语言智力、空间智力、身体运动智力、数理逻辑智力。这些具有很多特性，多元性、文化性、不同性、开发性等特征。这个理论说明了以下几个问题：第一，从评估观点来说，不一样的组合以及智力形成了某一个体，如果接受良好的教育，他们都可以发挥自己在智力方面的优势，与此同时，其他方面也可以同时发展，所以不会去比较智力方面水平的高低。只是在智力和学习这一块存在着一定差异；第二，关于这项评估的目的，在于更好地发展学生的智力，通过这个评估可以对学生进行选拔；第三，关于这项评估的特点，它是多样化的，所以它的内容也是多种多样的，所采用的方法也是多样的。学生的学习检测可以以这个理论作为基础。

3. 有关内容真实性的评估

真实性评估又可称为替代性评估或者表现性评估，这种方式可以替代传统的标准化检验。运用传统的考试形式考验出的是学生的知识掌握程度，而不是把知识运用到实践中的能力，随着当代社会的进步与发展，人们会越来越重视实际操作的能力。这样的一个评估主要是用来检测学生把自己所学到的知识运用到实践中的情况。采用的途径可以包括：书面汇报、写作、演讲、实际操作、实验、资料收集和分析等。这主要用来检测学生的综合素质，对于学生各项能力的考查，尤其是对于创新能力的考查来说，这是一种相对较好的方法。

4. 高效的教学理论

这个理论是为了对教师的教学进行特定评估。有效的包括：老师能够用正确的态度来对待学生的情绪变化和言语的不得当；教师可以真心的关注学生的日常行为；教师会适当地给学生某种处分并且言出必行；教师对自己的教学充满信心；教师会适时的跟进学生的学习进度，并为他们做出相应的调整；在这过程中，教师需要以一种积极乐观的态度来对待；教师可以根据学生在课堂上的表现来推测他们的心理。无效的行为有：教师在没有通知的情况下改变教学；教师当着其他同学的面责备某一同学；教师不负责任的让学生在课堂上浪费时间；教师做些无关教学的事来表现自己。进行教学质量的评估需要有一个有效的教学理论。

（二）对教师教学质量的评估

教师在传道授业解惑的过程中是可以培养学生的创新的。老师的教学能力会直接影响学生的创造能力。对教师的评估，应该从多方面、全过程进行，以便于形成高效的教学理论。

首先，评估对象对于老师来说，他的对象是学生，在学习过程中，学生和老师的接触是非常全面的。学生在知识上是一个被动的接受者，老师所教的内容学生是不是都会，老师的教学能否吸引人，能不能开发他们的创新能力，学生们的感受最真切，因此，学生的意见是非常重要的。其次，同事的参与也非常重要。因为同事会比学生更加专业，同样也会更加谨慎。最后，也可以让更高层次的研究人员来参与评估，或是进行教学的自我评价。

评估所包含的内容对教师的教学方法和教学效果进行检测，可以从多方面、多角度进行：学生的积极性，课堂的氛围，教师的提前预备情况，以及他们的教学方法。换句话说，就是要考量教师是否能达到一个合格教师的基本水平：教学手段能否与当代技术相适应，教学方法是否生动，能否开启学生的创新思维，充分满足学生的个性要求，让学生的智力得到发展，并且能够带动他们的积极性。

有关评估方法可以通过座谈的方式来进行学生对老师的评估，如果因为面子问题，认为面对面地听取学生意见比较困难，也可以提前做好问卷调查内容的设计，然后进行分散或集中的问卷答题，但是这个方法所耗费的人力物力资源比较多，可以利用网络资源避免这个问题：相关管理部门将需要调查的内容，按统一的方式发到校园网上，学生可以对某一教师或者是更多的教师进行自由评论，真正的实行言谈自由，畅所欲言，抑或在网上采用打分制，途径更简单，效率也会更快。

（三）对学生学习质量的评估测试

这类评估是评价学生学习效果的一个有效途径，它还具有一个美称，即教学指挥棒，会给"教"和"学"带来直接作用，考试相关的内容会对学生的学习方式产生一定的影响。采用一次性考试，用答题的方式来选拔人才，以分数的高低来选定是否优秀，采用死记硬背的方式来学习，会限制学生学习的主动性和创造性，影响学生的创造性思维，泯灭学生的创新精神，对于创新人才的培养没有多大作用。如果大家都可以很好地运用知识来解决问题，那么学生在日常生活中就可以学到很多东西，进行更多的思考。所以，我们注重培养学生的创新思维，需要采用学生的综合素质和创新思维结合的方式来进行。

有关多元化评估内容根据以上目标模式和真实理论，我们需要避免完全以书本中的内容作为考试内容，取而代之的是要注重知识的综合运用，尤其是可以把分析和解决问题作为考试内容，增强对学生综合能力和创新能力的考核。

类别多样化评估方式按照多元智力理论，对学生学习情况的检测应该先考虑学生智力的多元化，然后针对相关特点，结合课程时间的长短，在整个过程中采取不同的形式来考核。例如，项目的设计、有关的调查报告、口试以及实际操作等，这样可以锻炼学生多个方面的能力，有利于培养学生的个性。

激励性机制评估主要是为了甄别、激励学生，继而鼓励学生去创新，所以需要结合上面的目的来给出最后的评定。对于阶段性评估，应该多注意对学生的促进作用，我们也可以采用不同的方法，根据不同的内容设立成绩奖励。然而对于甄别性评估来说，经常会采用比较标准、统一的模式评估，例如课程结业评估，可以更加体现它的客观性和公平性。

（四）对高校内部教学组织和管理的评估

对于院系的教学组织和管理工作的开展进行相关监控和评估，能使院系更好地加强教学策略的制定，进而调动老师教学的积极性和学生的主动性，使学校院系的工作得以高效地进行。

1. 有关院系评估的原则

（1）系统性和代表性

这项工作本身就是一个微观系统，在各个过程的运行中，要确保按照国家相关的方针和策略，通过学校有效的规范和规定，使措施得到落实。在设计这个体系时，要先考虑到学校教学工作的目标和要求，并与国家高等学府指定的相关要求相结合，然后将此贯彻到这项评估中，与此同时，因为教学工作的广泛性、连续性，应把握学校工作的一般规律，抓住主要核心思想，然后纳入评估的体系中。

（2）评估内容的导向性与稳定性原则

院系教学工作评估是关于院系工作的"指挥棒"，因此要好好发挥它的引导性作用。第一，着重以提高某些方面作为指标，让大家有一个明确的方向去努力；第二，这项体系可以是开放式的发展，因为各院系的历史不一样，它们的指标差异性也会理所应当比较大，所以这项评估是发展性的，通过这些让我们更好地了解现状，也能够更好地促进发展。除此之外，我们要考虑到这项工作的连续性和可持续发展性，这项指标长期保持稳定，可以更好地提高工作效率，防止造成混乱。评估方式的可操作性。对于评估工作能否顺利并长期开展来说，评估方式是重要因素。评估方法简单并且实用，将有利于工作开展。

2. 院系评估方法

（1）等级化评估方法

按照以上所说，根据教育部普通高等学校本科相关教学工作水平评估的方案，列出各种等级，根据收集到的各项资料，然后进行逐一打分，最后进行综合评价。其优点在于评估内容全面，缺点是相关教学工作烦琐，作为一项长期坚持的工作，难度会比较大。

（2）数据量化的评估方法

院系的教学工作需要抓住一些重要部分和特点，然后再进行总结，根据有效的数据指标，进行量化评估。这种方法的优点是目标明确、简易，而缺点是它的覆盖面、涵盖性较差。

第五章　高校师资队伍建设与管理

第一节　高校师资队伍建设与规划

一、高等教育师资队伍建设的一般要求

（一）数量适当

与学校办学规模相适应，专业门类相协调，高校应该使教师队伍在数量上保持充足适当，必须满足生师比的基本要求，比如现在一般认为 16∶1 是高校生师比的一个适当指标。

（二）素质精良

素质精良是一个内涵丰富的概念，作为教师，其主要任务是育人，因此，教师首先必须具有良好的师德师风、良好的道德素质，从某种意义上说这是最为重要的。其次，不同类型的学校对教师也有不同的素质要求，教师应该具有较高的文化层次，接受过高等教育是最基本的要求，接受过研究生教育乃至博士教育也应该是重要的导向，尤其是博士，应该是目标追求。除此之外，高校的教师应该有作为教师的基本素质，如语言表达能力、形象、品质、风度和人格影响力等。

（三）结构合理

学校教育不同于培训机构，它要培养相应学历层次的人才，因此，必须实现知识、能力、素质的有机统一。而要达到这一目标和要求，其人才培养方案本身就有丰富的内容和合理的结构，马克思主义理论课程、思想道德修养课、法律法规教育课、军事体育艺术课，不同的专业课程、专业基础性课程等，共同构成了教师队伍建设，不仅有总量要求、

素质要求，而且应该有结构要求，并且要以合理的结构来支持和完善数量和素质的要求。与此同时，高等教育作为高教性、职教性和行业（区域）性三者统一的复合体，本身就是一个非常重视结构的机体，从实际上说，高等教育教师的结构问题更加重要，更有意义，更能体现办学特色和发展需要。

二、高校教师素养的个性要求

（一）强调三种经历

一个合格的、优秀的教师必须具有三个方面的经历：一是高等教育的学历，如果能够有硕士乃至博士的学历则更好；二是企业经历，不仅要了解行业企业的情况，有行业企业从事具体工作的经历，而且应该把了解行业企业，在行业企业挂职实践成为制度；三是育人履历，这是教师对教书育人职责的要求，是要求教师能够有丰富的育人工作的经验和经历。

（二）注重三项能力

一个教师至少要具备三个方面的能力：一是教学和指导实践的能力，不仅能教好一门或者两门课，而且要有指导学生具体做实践的能力；二是育人和指导职业生涯规划的能力，真正能做到教书育人，做学生的知心朋友，指导学生科学规划人生，实现人生科学和谐发展；三是科研和社会服务能力，教师必须充分利用自身优势，积极开展科学研究和社会工作，为行业企业、政府决策，为社会进步、企业发展作贡献。

（三）推进三方融入

要实现教师的成长和发展，必须积极创造条件，为教师的成长和为社会作贡献创造条件：一是融入政府部门，提高服务决策能力。高等职业教育办学过程中，必须以政府为主导，因此，了解政府的需求，研究政府的动向，必须成为高校的教师所关注。二是融入行业企业，提高服务社会的能力。高等教育发展必须以行业为依托，了解行业，服务企业，以行业发展为指导，应该成为高等教育发展的主旋律，作为学校干部和教师，应该切实把融入行业企业作为重点。三是融入科研院所，提高学术服务能力。

三、推进高校师资队伍建设的具体举措

（一）政府重视

所谓政府支持，就是政府将建设一支高素质的高校教师队伍纳入政府议事日程，并推出相应的措施予以支持，比如实施学历提升计划、国际化能力提升计划等。这类计划必须在得到学校重视的同时，也得到政府部门的重视才得以有效进行，只有财政、教育、人事乃至党委组织部门将高校的教师培养纳入规划，并有积极行动，才有利于切实提高高校教师队伍的水平。

（二）工程推动

政府重视的直接措施至少有三个方面，一是专项投入，二是专项考核，三是工程推动。实践证明，专项投入、专门考核和工程推动三者相互结合，成效显著。

采用工程推动的办法，以××人才工程、××人才项目的办法，辅之以专门的财政投入和专项考核，一定会产生积极的效果，实践证明这是十分有效的。高校教师队伍建设的关键是参照这些机制，开展有针对性的工程推动方法来解决高层次教育师资问题。

（三）科学定编

高等院校的师资队伍需要解决的不仅有素质提升问题，还有结构优化问题、总量控制问题。结构问题和总量问题的原因是各方面的，规模发展快，师资总量增加不够快，专兼结合机制结合难等都是重要原因，对于高校来说，编制不足是一个普遍矛盾。近年来，高等教育实现了大发展，但高校在职教师普遍编制不足，这在一定程度上制约了师资队伍建设的发展。与此同时，由于高等教育实践性的要求，必须有一定数量的教师每年有一段时间或每几年有一段时间保持轮岗实习，这样，对高校教师的编制应该更宽松一些。

四、高校师资队伍建设规划

（一）高校师资队伍建设的内涵与意义

1. 高校教师队伍建设规划的含义

（1）高校教师队伍建设规划的概念

高校教师队伍建设规划指的是以学校总体发展战略为指导，按照学科建设目标的要

求，分析本校现有教师的素质、年龄与性别结构、学缘、学历与职称结构以及创新型学术团队等因素，预测高校发展环境的变化及教师供给需求状况，制订相应的教师队伍规划，包括短期、中期以及长期规划。高校教师队伍建设规划是高校战略规划的一个子规划，它是高校战略规划的中心内容，是实现学校战略目标的重要保证，是保障学校可持续性发展的重要手段。

教师队伍建设规划的制订是运用一套分析技术来进行战略开发的过程，在这个过程中，要将一个目标或一组意图分解到各个步骤中，然后对各步骤予以细化，并详细阐述每一步骤预期产生的后果或结果。

(2) 高校教师队伍建设规划概念的解析

不同高校的教师队伍建设规划有所不同，而且制订的相应措施也有所差异。但我们认为高校教师队伍建设规划概念主要包含以下几个因素：

第一，它是以高校发展战略作为教师队伍建设规划制订的指导思想，是高校战略规划的子规划项目，教师队伍建设规划要符合学校发展战略的需要。例如，北京大学以建设国际一流研究型大学为发展目标，西南民族大学以建设国内一流的民族大学为办学目标，二者相比，战略定位与发展目标差异很大，因此在制定教师队伍建设规划的目标与举措方面，肯定是迥然不同的。因此，学校的发展战略决定了教师队伍建设规划的方向与思路。

第二，以学科建设目标为要求。学科是人才成长的摇篮、学术研究的基地、技术创新的发祥地，是教学、科研的基础和载体，也是学校办学水平和特色的集中表现。任何一所学校都要考虑学科建设的资源约束和能力限制，无法追求学科门类的齐全与并进，而只能追求"优势学科"和"学科优势"，追求学科建设的特色。然而，对学科建设起支撑作用的是教师队伍建设，教师队伍的学术水平是学科发展水平的集中反映，没有一流的教师队伍，就不可能有一流的学科。因此，学科建设目标必然决定了高校教师队伍建设的要求与侧重点。同样以北大和西南民大为例，西南民大在藏学、彝学研究等领域居于全国前列，而且也是该校重点建设与打造的学科，北大在此领域相对西南民大其研究水平有一定差距，而且其藏学、彝学研究相对北大其他的诸如数学、物理学等学科差距更大。因此，西南民大制订的教师队伍建设规划，以藏学、彝学为中心的民族学学科教师队伍建设是西南民大全力打造的重点之一，但北大在做教师队伍建设规划时就不会以藏学、彝学研究队伍作为重点建设的对象。因此，学科建设的目标必然引导着教师队伍建设规划的制订。

第三，高校教师队伍建设规划受到现实环境的制约。一方面，不同高校教师队伍的现状存在很大差别，如大师级别的人数、教师队伍结构、学术梯队的状况等；另一方面，高校的外部环境也是在不断变化的，比如教师资源的供给状况、不同高校的发展状况等。因此，进行高校教师队伍建设规划，必须科学分析和预测外部环境的变化，做出相应的对策。总之，高校教师队伍建设规划的制订过程，就是要通过规划及其实施，使学校的资源和能力与不断变化的社会需求之间保持战略适应性。

2. 高校教师队伍建设规划的重要意义

（1）国际、国内竞争日益激烈，要求高校必须做好教师队伍建设规划

当今，高校资源的市场化程度和高校之间的资源竞争会日趋激烈，要求高校必须做好学校发展战略规划，而高校教师队伍建设规划又是高校发展规划的中心建设内容，只有做好学科建设规划与教师队伍建设规划，才能提高高校的核心竞争力，才能在竞争日益激烈的环境当中立于不败之地。首先，大学发展水平是办学质量与效益的竞争，大学需要准确地设计自己的发展目标，选择合适的发展方向，提高质量以同他人竞争。因此，高校自身发展迫切需要科学合理的规划来指引。其次，大学的发展，必须要获得政府投入和社会资本的投入，也需要尽可能制订能够在最大限度上满足各方需要的发展规划。最后，竞争的日益激烈要求高校认真制订发展规划，使自己在资源争夺战中立于不败之地。

（2）高校教师队伍建设的重要政策指导

教师队伍建设规划是要求制定详细的发展规划措施，并把每一个目标或一组意图分解到各个步骤中，然后对各步骤予以细化，将每一个目标详细阐述，并预期每一步骤可能产生的结果。教师队伍建设规划是教师队伍建设最重要的政策指导依据。在教师队伍建设的过程中，必须按照规划的指引与要求，采取步骤逐步实现既定的目标。而且，科学的教师队伍建设规划已充分预见了外部环境的可能变化性并提出相应的对策，为教师队伍建设留有相应的余地，因此，即使外部环境有所调整，但只要严格按照规划的指引与要求，就一定能建设一支符合高校需要的教师队伍。

（3）为教师职业生涯发展提供重要的参照

职业生涯规划是指个人发展与组织发展相结合，对决定一个人职业生涯的主客观因素进行分析、总结和测定，确定一个人的事业奋斗目标，并选择实现这一事业目标的职业，编制相应的工作、教育和培训的行动计划，对每一步骤的时间、顺序和方向做出合理的安排。引导教师职业生涯设计和再设计是学校的重要职责，促成教师根据自身特点建立清晰明确的职业发展目标与发展道路，提高工作的主动性、积极性和针对性，从而促进教师个人职业目标和组织目标的共同实现。教师队伍建设规划为教师职业生涯发展提供了明确的发展导向与目标，教师可以根据学校的教师队伍建设规划，分析自身利弊，为自己在高校教师生涯规划设计中做好明确的定位与方向，对教学、研究和学习等方面进行统筹规划。

3. 高校教师队伍建设规划的现状

当前高校在制订教师队伍建设规划时还存在不少问题，导致规划的战略性、前瞻性以及可操作性都较差。

教师队伍建设规划制订中常见的问题主要有：第一，对战略规划考虑不够，教师队伍建设规划不能很好地体现学校的总体战略和发展需要；第二，规划的科学性不够，使规划目标既难以测量，也难以分解和落实；第三，规划实施和执行的力度不够，缺乏对规划实施的评估和监控；第四，规划的发展思路、目标、措施没有及时转化为宏观政策，导致规划的导向性不足；第五，规划制订过程中，由于教师队伍建设规划是由人事部门制订，其更多的是从本部门的立场与角度出发，没有广泛征求教师意见尤其是学科专家的意见，论证不够充分，相关部门对教师队伍建设规划制订的支持力度不够，有的甚至不理解；第六，有些高校制订的教师队伍建设规划不能科学地预见未来发展变化的情况，未能体现前瞻性，有的又统得过死，未能适当地留有余地；第七，对相关规划统筹考虑不够，专项规划各自为政，不能协调统一。

（二）高校师资队伍建设的内容与程序

1. 高校教师队伍建设规划程序

（1）民主参与

高校教师队伍建设规划编制必须注重民主参与。一是健全规划编制专家咨询制度，组织规划咨询、论证、评估等活动。二是采取多种形式保障教职员工和相关组织参与规划编制过程。在规划制订过程中，充分听取专家、教授的意见，特别要重视吸收基层专业教师的意见，全面了解不同群体的利益与诉求，以尽可能保证规划的科学性、合理性与可操作性。

（2）衔接

规划衔接是保障各级各类规划协调配合、形成合力的关键环节，各级各类规划要与相关的规划衔接，下一级规划要与上一级规划衔接，区域规划、专项规划要与总体规划衔接，相关规划之间要相互衔接，同级规划相互协调。高校教师队伍建设规划也应当与其他规划做好衔接工作，进行高校教师队伍建设规划的主要职能部门也应与相关单位做好沟通与衔接。比如，高校教师队伍建设规划需要以学科建设规划目标为指导，要与校园建设规划紧密配合。在具体制订过程中，高校教师队伍建设规划应与研究生教育、本科教育等人才培养规划相结合，与科学研究、社会服务规划相衔接。只有这样，才能保证教师队伍建设规划的科学性与前瞻性，才能保证学校发展战略的整体性。

（3）论证

论证主要是指专家论证，是高校教师队伍建设规划中最重要的环节之一。要尊重教授治学的权力，充分发挥学术委员会、教学指导委员会、规划委员会等组织的作用，让其积极参与到教师队伍建设规划当中来，充分听取其意见和建议——只有专家学者才能更准确地把握学科发展的前瞻性，只有学科带头人才能更深刻地认识到教师队伍存在的不足与其发展方向。只有这样，才能为下一步教师队伍建设规划提出更科学、更合理的建议，才能使教师队伍建设规划起到更重要的政策指导作用。

（4）评估

规划评估是保障规划有效实施的必要环节。要避免"规划编制时轰轰烈烈，编制完成后高高挂起"的状况，必须加强对规划实施的检查监督，必须对规划实施过程开展评估。根据以往的经验，规划实施中暴露出的一些问题，有些可能是实施不力造成的，有些可能是因为规划编制不符合实际造成的。通过规划评估，可以更好地认识到问题，以便及时采取措施予以调整。此外，实施规划是一个动态的过程，环境的细微变化都会导致规划的不断调整，通过评估，可以及时了解变化，调整相关内容，提出更有针对性的措施和建议，以充分保障规划总体目标的实现。总的来说，评估应该包含五个方面的内容：第一，明确评估的时间，是年度评估、五年评估还是十年评估；第二，评估的内容，包括发展目标、主要任务和关键指标完成和未完成的情况、采取的政策措施、存在的主要问题、主要原因分析等方面的内容；第三，评估的方法，成立由学校领导、职能部处、教师代表以及相关专家组成的专门领导小组进行评估；第四，评估的程序，是采取自上而下还是自下而上，或是二者相结合的办法等；第五，评估的效力，通过诊断性评估，及时发现存在的问题，进行偏差分析，找到解决问题的措施等。

着手制订发展规划前，必须有一个明确的指导方针或指导思想以及整体的原则。高校教师队伍建设规划的指导思想是制订和实施规划的根本准则。正确的指导思想要能够充分反映国家、地方和学校自身的利益与要求，要能够与国家和地方的教育发展指导思想相吻合。

2. 高校教师队伍建设规划内容

高校教师队伍建设规划编制工作的主要内容有：总结和分析前一个时期（通常为 5 年）教师队伍建设规划的实施情况、取得的经验与存在的问题；分析未来一个时期（通常为 5 年）面临的形势，对教师队伍建设的现状、发展趋势、需求与供给进行分析、预测和判断；规划未来一个时期（通常为 5 年）教师队伍建设的发展战略、方针、目标、任务、重大项目及保障措施，并且制定逐步的实施计划和步骤，并将每一个目标分解到实施步骤当中。制订教师队伍建设规划是为实现学校的战略规划服务，需要与战略规划进行有机结合。

高校教师队伍建设规划是指导自身行动的纲领，一份完整的高校教师队伍建设规划应该包括以下三部分内容：教师队伍现状分析、指导思想与发展目标、工作重点和相关政策措施。

（1）教师队伍建设规划的指导思想与发展目标

指导思想主要分为两个层次：其一是国家或省市对教师队伍建设的指导思想；其二是学校发展战略和教师队伍在某一时段的发展方向和程度、性质和类型。比如，类型有教学型、教学研究型、研究教学型或研究型，或者说定位为国际一流、国内一流或西部一流等，或者是所述二者的结合等。总的说来，高校教师队伍建设规划应坚持科学发展观和"人才立校"的发展战略，以学校发展战略和学科建设目标为要求，从学校的实际和办学特色出发，以建设高水平的学科带头人和学术骨干队伍、培养高素质的教师为重点，以引进和培养一流学科带头人和国内著名学者为突破口，坚持人才引进与人才培养相结合的原则，坚持教师队伍建设适度超前发展的原则，教师队伍建设积极创新，努力造就一支充满活力、结构优良、师德高尚、乐于奉献、学术水平较高、富有创新能力、能胜任学校教育事业快速发展需要的高素质的教师队伍。

发展目标是教师队伍建设规划的主体部分，即学校选择要重点发展的若干项目及领域。一般而言，教师队伍建设发展规划目标主要包括教师数量、教师队伍结构、高层次人才数量等，从二级指标来看，又有教师总体数量以及占教职工队伍的比例，专任教师与兼职教师的比例，教师的年龄结构比例，职称结构比例（高级职称占多少），学缘结构比例（外校毕业生占多少，重点大学高校毕业生占多少），学历结构比例（博士学位比例占多少），院士、大师级以及学科带头人数量等。当然，由于高校之间的差异，不可能用一套很完备的指标体系来评价所有学校，不同学校应结合自身的实际，可适当参考同类型或同层次高校的规划个案。

（2）教师队伍建设规划的工作重点和政策措施

为了更好地实现学校的发展战略，更好地围绕高校学科建设，更好地实现学校教师队伍建设的重要目标，规划必须突出工作重点和制定相关政策措施。一般来说，教师队伍建设规划的工作重点和政策措施是大不相同的，但也有一定的共性，主要包括以下几个方面：

第一，深化人事制度改革，营造人尽其才和人才脱颖而出的环境和机制。完善教师聘任制度，全面推行岗位聘用制，建立健全"公开招聘，竞争上岗，择优聘任，合同管理"的用人机制；完善分配激励机制，建立以岗定薪、岗变薪变、向高层次人才和重点岗位倾斜的收入分配机制；建立科学合理的教师考核与评价体系；加强建立物质激励和荣誉激励，努力形成激励优秀人才充分发挥作用的良好氛围。

第二，要有经费保障。确保为教师队伍建设做好经费来源保障。比如，可以积极向主管部门申请拨款，或自己筹措资金，或利用社会捐赠，或通过银行贷款等渠道。当然，这都需要根据学校总体规划，从教师队伍建设规划的要求与实际情况出发，具体制定经费保障措施。

第三，具体政策的制定是与高校的实际情况紧密结合的。不同高校可根据教师队伍的建设目标采取特定的鼓励政策。例如，某高校教师队伍具有博士学位的教师比例过低，它就可以制定更好的优惠政策吸引博士来校工作，同时可制定鼓励本校教师积极攻读博士学位的相关政策等。

（三）高校师资队伍建设的原则与方法

1. 高校教师队伍建设规划原则

（1）服务学校战略原则

要树立学校规划的观念，摒弃部门规划的观念，从学校整体发展需要出发编制规划，而不是从部门工作需要出发编制规划。在具体的制订过程中，要以学校发展战略为指导，以学科建设目标为要求，深刻分析教师队伍的现状，制订教师队伍建设规划。学校发展战略决定了学科建设目标，而学科建设目标的实现离不开教师队伍的支撑，教师队伍建设规划紧紧围绕着学科建设目标。教师队伍建设规划既服从于学校发展战略，又影响着学校发展战略规划。

（2）以人为本原则

科学发展观作为中国社会发展的战略指导思想，同样反映了高校发展的本质、目的和规律，以人为本的思想就是科学发展观的本质和核心。坚持以人为本，在高校管理中就是要坚持以教师为本的发展观，制订教师队伍发展规划就要以人为本思想作为指导。具体来说，在制订教师队伍建设规划当中，必须树立全新的教师队伍建设观念，树立可持续发展的战略思想，着力规划和提高教师队伍整体素质推进制度创新和法制建设，营造积极健康向上的高校文化和学术氛围。此外，还必须充分发挥教师的主人翁精神，让教师尤其是相关专家积极参与到教师队伍规划建设当中来，多听取他们的呼声与建议，以更好地融合教师自身的元素。最后，制订教师队伍建设规划，还要充分考虑教师的全面发展，为教师素质的提升创造良好的条件和平台。

（3）可持续发展原则

可持续发展，就是要促进人与自然的和谐，实现经济发展和人口、资源、环境相协调，坚持走生产发展、生活富裕、生态良好的文明发展道路，保证一代接一代地持续发展。高校教师队伍的可持续发展要求教师队伍具有合理的职务结构、较高的学历结构、多元的学缘结构、均衡的年龄结构、协调的专业结构、合理的学术梯队以及富有创新精神和创造力的学术团队，以不断推动学校的发展。在高校教师队伍建设规划中，坚持可持续发展原则，要求明确高校教师队伍建设发展的战略目标、工作重点和重大举措，推进制度创新和实施人才强校战略；进一步构建完善优秀人才可持续发展的培养和支持体系，加大"高层次创造性人才计划"的实施力度，着眼于高层次人才和高水平创新团队总量增长与整体素质提高；加强中青年骨干教师能力建设，加大培养和支持力度，大力推进高校高层次人才队伍建设；深入开展学校人才制度和政策创新研究，进一步完善学校人才评价机制、竞争机制、激励机制和组织机制，开展学校人才队伍建设课题研究工作；改进和加强师德建设工作，加强制度建设，加大对高校优秀教师先进事迹的表彰宣传力度，全面提升高校教师的师德水平。

（4）程序规范原则

程序规范是内容科学的基本保证。通过履行规范的程序，提高规划的深度和水平，切实发挥规划应有的作用。规划编制程序，包括前期工作、立项、起草、衔接、论证、批准、公布、评估、修订和废止等环节。高校教师队伍建设规划也必须按照程序规范的原则制订，尤其是程序当中的论证与评估这两项工作，是确保教师队伍建设规划科学合理的重要保证。

（5）前瞻性和可操作性原则

教师队伍建设规划要体现前瞻性和可操作性原则。教师队伍建设规划是要面向未来的，要表明未来时段的事业发展状态，因此要有超前意识，要有预见性，要对未来的状况做出适当的预测；规划要从实际出发，但不是实际的拷贝，不能过于迁就实际，而是要在实际的基础上提出发展的要求，创造发展的条件，制定发展的措施，这就是前瞻性原则。所谓可操作性，就是说规划要能够在现有的或可能的条件下付诸实施，而且需要将目标分解到每一个步骤当中。不能盲目追求高目标，结果造成可操作性不强，使教师队伍建设规划成为空想。为此，教师队伍建设规划必须要有相应的指标体系，有可以获得和测量的可比性数据，要有具体的、可以实施的对策与措施。

2. 高校教师队伍建设规划模式与方法

（1）合理性模式

合理性模式把教师队伍建设规划过程看成一系列渐次进行的程序：决策者或规划者试图认清重大的问题，急迫地需要并确定解决这些问题或满足这些需要的总目标——将总目标转化为各项具体目标——指出各种达到具体目标的行动步骤说明每个行动步骤的代价和利益——选择最优的行动步骤——综合各种择定的行动步骤并组成一个规划——将规划分解为各种可操作的项目——根据总目标来执行和评价每个项目。比如，在教师数量上的规划，可以根据学校学生人数的变化趋势，合理确定未来一段时间需要补充与引进的教师总数，按每年逐步应实现的目标，确定不同的学科每年应补充的教师人数等。此外，在形成合理的教师学历结构比例时也是如此。

合理性模式首先认定人们对教育规划的目标会有合理的、统一的认识，认定其具备将目标转化为行动步骤的技术或手段。其主要要求制定合理可行的评价指标，将指标根据一定的方式进行分解，并将其转化到每一个实施的步骤过程当中。近年来，管理学、统计学、信息论、决策论、计算机辅助编程技术的发展加强了合理性模式的应用地位，使合理性模式在现实的操作过程中显得更为有效。

（2）互动性模式

互动性模式认为教师队伍建设规划制订过程不是一种按部就班的、有条不紊的、逻辑上互相联系的一系列程序，而是一种个人或利益集团之间主张意见的冲突、交流、协商、妥协以及再冲突、交流、协商、妥协的连续动态过程。规划是在不确定的未来和不完全了解现在的背景下调解人的认识和人的行动的一种尝试，而不是一种确定无疑的解决问题的方案。该模式主张者认为，教师队伍建设规划不可能有一致性的合理性目标并按照预定的途径来实现目标，也不可能有完全符合未来需求的规划。他们认为，教师队伍建设规划是一种利益的相互协调，是各方博弈的综合结果。比如，某学校在规划学科带头人数量与学科分布的规划上，不同的学科都会为本学科尽量争取更多的指标，而最后形成的规划是各方利益平衡的一种结果。需要注意的是，规划中所依赖的完全信息和准确无误的知识等条件都是难以实现的，这就决定了规划不仅是结果，还是一个过程；规划是创造性地适应自然与社会的过程，而不是在实现规划者的理念；高校教师队伍建设既要站在学校的立场，也要站在教师的立场，既要听取资深教师的呼声，也要听取中青年教师的呼声。教师队伍建设规划是在追求一种博弈论中设想的平衡点，以使各方利益能达到某种安全水平，形成某种安全格局。

近年来，社会学、人类学、综合管理学、政治学的研究成果有力地支持了互动性模式。在互动性模式中，决策者的角色是协商者、共识构建者、人际关系专家、宽容的调停者。互动性模式看重对现实做出因人而异的解释，强调人际信息交流的意义，突出个人、制度与其环境相互影响的动态性质，因此在制订教师队伍建设规划中特别采用便于了解人们内心世界或考虑人们想法的方法，如参与观察法、情境分析法、社会需要法等。

（3）SWOT 分析

SWOT 分析是一种比较成熟的规划方法。SWOT 是优势、劣势、机会和威胁四个单词的缩写。在高校教师队伍建设规划中，SWOT 分析实际上是对高校教师队伍建设内外部条件的各方面内容进行归纳和概括，进而分析高校教师队伍建设的优劣势、面临的机会和威胁的一种方法。其中，优劣势的分析主要着眼于自身的实力及其与竞争对手的比较，而机会和威胁分析将注意力放在外部环境变化的可能影响上面。高等学校在维持竞争优势的过程中，必须认识自身的资源和能力，采取适当的措施，做好 SWOT 分析。

高校要树立科学的发展观和人才观，坚持以人为本，把人才问题始终作为高校改革和发展的大事来抓，科学制订学校发展战略规划和人才队伍建设规划，大力推进人才强校战略的实施。

高校教师队伍建设规划要坚持正确的发展观，一切要从学校的实际出发，突出自己的办学特色和优势。因此，在规划理念上，要突出以人为本，促进学校各项事业全面、协调和可持续发展；在发展目标上，要充分反映学校发展战略的要求；在规划内容上，既要突出重点，又要统筹协调。

第二节　高校师资管理体系及方法

一、建立适应现代师资管理的新模式

随着知识经济的发展，高校的功能发生了显著变化，从人才培养作为主要功能向人才培养、科学研究和社会服务三大基本功能转化，这就给师资管理提出了新的要求，教师面临的职业冲突促使师资管理必须进行改革。高校建立适应知识经济的现代师资管理新模式，是指在对教师资源的取得、开发、利用和保持等方面，进行计划、组织、指挥和控制，使人力、物力保持最佳比例，以充分发挥教师的潜力，提高工作效率，实现学校目标的管理活动。其基本任务是根据学校发展战略的要求，通过有计划地引进人才、选留人才、培养人才、挖掘人才，并对人才资源进行合理配置，搞好现有师资的培训和智力资源开发，采取各种措施，激发广大教师的积极性，促进学校办学效益的提高。高等教育大众化的快速到来对我国的高校来说既是一次大发展的机遇，同时也是一次非常严峻的挑战。

高校作为培养高层次人才的摇篮，在当今的教育创新体系中处于时代的前沿，发挥着极其重要的作用。办好高等教育，教师是主体，师资管理是关键。高校教师资源是高校教育资源中的第一资源，它是活的资源，能动的资源。21 世纪是知识经济的时代，高素质的教师资源在社会生活中的作用日益显著。因此，如何以新的理念、新的思路和新的机制促进高校师资队伍建设，建立适应知识经济的现代知识管理新模式，已成为目前高校迫切需要解决的重要课题。

（一）现代师资管理模式的构建原则

建立现代师资管理模式，除了必须从高校教师活动的一般特性出发外，还必须结合我国高等教育的特点，我国高校包含各种不同类型，有重点大学、普通大学，有综合性大学、理工类院校、专科类学校。选择高校师资管理模式既要考虑到高校自身因素，又要考虑到外部环境，包括经济体制、劳动人事制度和区域文化环境因素等。

1. 师资管理模式的构建应遵循系统论的原则

（1）整合分性原则

整合分性原则是目标的分解和建立目标管理体系的基础，在进行管理模式构建时，首先应根据本单位实际情况和发展需要及各种内外条件确定管理系统总体目标；其次按照分合原则将总体目标分解成不同层次、不同部分的分目标，对应地将管理层次逐步分解，使得分目标与管理层次一一对应，形成前后衔接、上下连通的管理网络；最后在目标分解的基础上明确每一个部门、每一个管理层次甚至每一个人员的目标责任，并赋予相应的权力，建立起目标责任体系。

（2）相关性原则

相关性原则强调模式各要素和目标与条件之间的关系，强调模式结构合理与否，直接关系到整个系统能否正常运行。

（3）有序性原则

有序性原则的实现使管理模式从两个方向即时间和空间上实现有序化。

（4）动态性原则

动态性原则提示我们，由于目标管理模式的工作状态随着环境的改变而改变，因而必须加强科学预测，使对策措施与目标相适应。这样当环境条件变化时，既有适应变化的方案，又有临时应急的手段，从而提高模式的应变能力。

2. 师资管理模式的构建还应遵循市场规律的原则

（1）合理性原则

成功的市场经济模式经验已经证明，市场能够适应不断变化的社会经济条件而发挥优化资源配置的基础性作用。其中的人才市场就是运用市场机制来调节人才的供需关系，实现人才的合理配置。在人才资源是第一资源的思想指导下，人才资源的开发和利用，合理配置、任用教师，实现教师与生产力等其他要素的最佳结合，乃是高校师资管理工作必须坚持的首要原则。

（2）开放性原则

发达国家高校师资配置，均把国内人才市场与国外人才市场联结起来，以达到更合理地配置国内师资资源和利用国外资源的目的。学习、借鉴、合作和利用发达国家师资管理创造的文明成果，结合实践进行新的创造，才能赢得时间，加快建构具有中国特色的高校师资管理模式。

（3）竞争性原则

成功的市场经济模式下的高校师资管理活动，由于宏观上提供了良好的环境条件，竞争机制已经融入其中。通过自主公开招聘、应聘竞争考试、建立师资流动层、定期考核聘用与晋升、"非升即走"、英才超常使用等管理行为，组织开展公平竞争，选优汰次，促进师资资源的优化配置，通过制定有关的师资管理法规，来规范教师的竞争行为，开展有效竞争，增强活力，组建高质量的师资队伍。

（4）渐进性原则

发达国家的师资管理经验经历了数百年的积累和完善，我国建立成熟的市场经济制度也经历了一个长期的、艰难的发展过程。我国高校师资管理模式是在宏观条件逐步成熟的情况下构建的，特别是在我国刚刚进入高等教育大众化的背景下，高校师资管理工作是一个不断实践、不断完善的长期建设过程，试图很快解决管理模式问题是不现实的。

（5）效益性原则

成功市场经济模式下师资管理活动，十分注重提高师资的利用效益。选聘一流师资，构建结构合理具有竞争力的师资队伍，以合理的生师比、灵活的专兼职教师制度和高效精干的管理人员等管理组织形式和管理行为，培养高质量的适应社会需要的各种专门人才，创造高新科学技术成果，这样的高校才能具有良好的经济效益和社会效益。

(二) 建立现代师资管理模式的基本内容

1. 编制教师资源规划

教师资源规划的内容包括对教师资源现状做出评估，依据学校的发展战略、目标和任务并应用现代规划方法对未来教师资源供给和需求的各种指标做出预测，再把学校教师资源需求的预测数与在同期内学校本身仍可供给的教师资源数进行对比分析，测算出对各类人员的所需数量，从而制定平衡人力资源供给和需求的方针政策和具体措施，如补充、调整人员和减员等各种方案。

2. 实施岗位职务分析

职务分析是收集所有与工作有关的重要信息，并对某一特定职位、任务、职责以及完成此项工作所必须具备的知识、技能加以详细说明，即制定职务说明书与职务规范的系统方法。学校人事部门要采用观察、问卷调查、谈话、讨论等方法，对从调查职务信息、分析书面材料和各部门负责人及实际担任工作者讨论中获得的信息进行分析、归类，写出综合性的职务说明和职务规范，并召集整个调查中所涉及的部门负责人及任职人员，讨论制定的职务说明及职务规范是否完整、准确，最后根据讨论结果确定出一份详细的、准确的职务说明和职务规范。

3. 有效配置各种人员

高校的人力资源主要由三支队伍或四支队伍组成，教学科研人员（包括实验辅助人员）、党政管理人员、后勤服务人员，20 世纪 90 年代以来又衍生出一批校办产业人员。高校承担的教学、科研、社会服务三大职能决定了高校以教学科研人员和中高层次管理人员为办学主体。高校人力资源管理就是要根据高校办学目标对学校的三支（四支）队伍进行合理布局，大力充实教学科研人员，精减党政管理人员，大幅度压缩学校非教学性经费支出，对后勤服务人员和校办产业人员实行企业化管理，切实改变一方面人才紧缺，另一方面人浮于事，人员结构严重失衡，人力资源利用效率低下的现状。高校人力资源管理要围绕学校的办学目标，合理规划、配备各方面的人力、人才，正确处理好部分与整体的关系，针对各类人员的特点予以管理，通过多种手段的有效配合，实现系统内部各要素之间的整合，真正做到人尽其才、才尽其用，事得其人、人适其事，把人力资源的潜能转化为高校的整体财富。

4. 实行人本管理

所谓人本管理即在管理过程中以人为本。人力资源有别于物力资源，具有生产者和消费者双重属性，其作为消费者如不能得到充分重视和关心，势必影响其作为生产者的一面。这就涉及一个劳动报酬问题。在高校搞"平均主义"吃大锅饭的情况至今并未根除。如何按照"效率优先、兼顾公平"的原则，改革原有的分配制度，以岗定薪，按劳取酬，优劳优酬，以岗位、业绩津贴为主要内容，建立重实绩、重贡献，向高层次人才和重点岗位倾斜的分配激励机制，则是一个重要问题。

另外，高校人力资源不仅具有经济人的一面，还具有社会人的一面。尤其是就高校教师的个人需求整体而言，重精神超过重物质。人本管理与单纯的文件管理、制度管理不同。它充分尊重教师的个人尊严、自我价值和个人需要，充分关心教师的教学工作、科研工作以及个人的生活需求，对人才的任用不拘一格，扬长避短，宽容多样。多了解和听取教师的意见，公开和教师分享学校重要的信息。高校教师在时间和意志上都享有相对企业和机关人员更大的自由，对这一教学科研群体的管理更不能千篇一律、简单划一，应注意对人力资源的开发和利用与投入和培育相结合，报酬福利的投入与精神情感的投入相结合，只有这样，才能有效地调动教师的积极性，充分利用高校的人力资源。

5. 建立有效激励机制

工作动机是行为和积极性产生的内在驱动力和直接原因，只有千方百计地激发起教师的工作动机，才能使他们在自我激励、自我评价和充满自信的环境中，把极大的劳动热情投入工作之中，并将自己的行为最大限度地纳入学校所期望的轨道，充分调动和维持他们工作的积极性和创造性，发挥潜在能力。激发工作动机是现代人力资源管理的基本职能之一，所以，高校人力资源部门必须想方设法对调动工作动机的心理过程加以考虑、设计和实施，广泛采用经济、信任、职务、知识、情感、目标、荣誉和行为等激励方法，以激发教师的工作动机，提高工作绩效。

人力资源管理的核心是保持和激励员工的积极性与创造性，有效地实现组织目标和员工工作的满足感。拥有人才是前提，但要使人才最大限度地发挥作用，最大限度地调动他们的工作积极性，更是高校师资管理工作中最应关注的问题之一。这既是提高教学、科研质量的迫切需要，也是教师本身发展的需要。实践告诉我们，如果不从理论上探讨调动教师工作积极性的规律，不从宏观与微观的结合上促进激励机制的健全与完善，教师的工作积极性就不可能得到很好的发挥，学校的教育管理和科研水平就不能提高。

6. 构建终身教育体系

人力资源的质量，对于高校人力资源而言，一般体现在其主要组成部分——学术劳动力的文化水平（学历）和专业技术水平（职称等级或技术等级）上。高校人力资源质量的提高，在一定程度上决定着高校的教学科研产出水平、办学效益和教学质量的提高。许多高校在优化教师队伍方面采取多渠道大力引进"双高"人才的手段，以改善师资的学历结构和职称结构。引进高素质的人才是必要的，但同时应充分认识到立足本校人才资源加大师资培训力度的重要性。

我们在实践中普遍认识到，各类人员职前学到的知识和技能固然很重要，但又是十分有限的。只有在走上工作岗位之后不断坚持接受在职培训，才有可能根据社会发展和科技进步的要求不断更新和补充知识，增强对未来工作的适应性。面向21世纪的高校师资培训工作，应从基础性培训和学历补偿教育逐渐转变为着眼于更新知识，全面提高教师素质的适时、适职、适业的提高性培训与教育上来，充分发挥教师个人的主动性和积极性。同时，要不断探索适合成人学习的培训方式以及现代的培训手段，采用互动式教学方法，集理论讲授、小组讨论、电化教学于一体，使授课者有更多的参与机会，真正做到教员与学员之间的知识分享，实现真正意义上的理论联系实际。

7. 营造和谐工作环境

协调人际关系是现代人力资源管理的又一个核心问题。在高校中，则是各学科、专业人员之间的协调，为谋求各学科、专业人员之间的密切合作，就必须建立合理的学科梯队和科研团队，做到分工恰当、职责明确，使人才既各尽所能又密切合作，形成各学科、专业联合攻关的团队精神。另外，现代社会是一个高速度、讲效益、求效率的社会，随着社会文明的发展，社会节奏加快，学校内部的竞争必然加剧。教师在学校以及在社会上产生的各种压力也会逐步增强，如果压力过大，长时间得不到缓解，就有可能对教师的身心健康造成障碍。因此，高校师资部门必须引导教师正确地对待压力，掌握控制压力的各种方法，使教师通过宣泄、各种心理咨询、树立适当的目标、培养业余爱好、提高自身的心理素质、减轻压力源等方式，提高抗压能力，正确对待事业的成败、荣誉、功过、挫折，使教师工心情舒畅地投入教学、科研工作中。

二、高校师资管理的目标、途径及方法

(一) 高校师资队伍管理的目标

1. 以建设一流师资队伍为关键目标

高校是培养高级专门人才的学府，教师队伍是高校教学、科研活动的主体，要办好高校就必须依靠广大教师开展教学、科研工作来实现。因此，在高等教育中，首要的条件是

必须建立一支高水平、高质量的教师队伍。因为教师的工作直接关系到教育目标的实现，也直接关系到教育任务的落实，教师的知识传播是学生智育能力形成的主要渠道，它的作用超过了其他任何形式的教育，教师在思想品德、工作作风、认识问题、分析问题能力等方面直接感染着学生，塑造着学生，对学生人生价值观和世界观的形成有着特殊的影响。教师的知识创新能力关系到创新人才培养的质量和国家的科技竞争力。

一流师资队伍是培养一流人才的根本保证，在高校的建设与管理工作中，必须以建设一流师资队伍为关键目标。尤其是重点大学，应形成一流的学术梯队、集聚一流的科研力量。国内外一流大学的形成和发展史表明，师资是高校最重要的办学资源，是其一流地位赖以建立、维持、巩固的基础和关键。师资水平在很大程度上反映学校的水平，只有建设一流水平的师资队伍才能建设高水平的大学。因此，国内外有远见的教育家和世界一流大学都把建设一流的师资队伍作为办学的第一要务。

2. 以造就一流大师为师资队伍建设的必要目标

没有一流的大师级的优秀教师，就称不上一支一流的教师队伍。因此，高校在师资队伍建设上，必须以培养、造就或聘请一流的大师级优秀人才充当带头人作为师资队伍建设的必要目标。

3. 以形成合理的师资结构为重要目标

高校师资队伍的职称结构、学历结构、年龄结构、学缘结构和知识结构是否合理，不仅直接影响高等教育的教学质量和水平，而且影响高等教育的长远发展。

师资结构合理与否影响着高校师资队伍建设的水平。因此，高校应认真制定师资结构目标，建立与保持一支最佳结构状态和充满内在活力的高水平专兼职教师队伍，对教师队伍的学历、职称、学缘、年龄、知识与能级等结构进行适时的、必要的调整，不断加强和改善对大学人力资源的科学化管理，建设一支数量适当、结构合理、业务精良、高效精干的教师队伍。

以上三个目标系统地构成了师资队伍建设的总目标，即高校的师资队伍应当建设成一个以优秀的一流大师作为学术带头人，学历、职称、学缘、年龄和学科专业知识结构合理的，整体素质优秀的一流师资队伍。

(二) 高校师资队伍管理的途径

1. 建立培养、造就、吸引优秀教师的正确途径

优秀教师是高校的"根"和"本"，高校必须高度重视教师队伍建设，建立一条或多

条培养、造就和吸引优秀教师的正确途径。然而，大量培养、发现、选拔、造就和吸引优秀教师不能单纯靠少数"伯乐"慧眼识人才的传统方式，而要靠制度、靠机制，伯乐相马总不如草原赛马，因此，要有一系列集体培养人才，公平竞争淘汰，择优选优用优的制度。高校应采取超常规办法，制定吸引优秀人才的政策，建立一条或多条吸引优秀人才的绿色通道，面向国内外多方吸纳优秀教师。同时必须与考核评价相结合，必须与本校的学科建设和专业建设相结合，避免人才闲置和人才资源浪费。各高校尤其是要克服近亲繁殖的弊端，尽可能从其他高校，尤其是其他重点高校选拔优秀研究生充实教师队伍。青年教师上岗前要进行真正意义上的严格的岗前培训，上岗后要进行岗位练兵、在岗进修、轮岗全职学习等继续培养工作，要通过严格的考核、选拔，从中发现和培养、造就一批优秀教师。同时也要对教师规定职务岗位年限，在相应的职务岗位上超过一定的工作年限非升即走，以此来规避平庸。

2. 建立人才合理流动和教育资源重组的新渠道

各高校在对骨干教师采取稳定措施的同时，应建立一条或多条有利于人才合理流动和教育资源重组的新渠道，使高校教师能进能出，有进有出，合理流动。

实行聘任制是任用教师、管理教师的一种有效手段和形式，是高校人才流动的基础和前提。高校应从实际出发，根据学科建设以及教学、科研任务的需要，科学合理地设置教学、科研、管理等各级各类岗位，明确岗位职责、任职条件、权利义务和聘任期限，按照规定程序对各级各类岗位实行公开招聘、平等竞争和择优聘用。通过签订聘用（聘任）合同，确立受法律保护的人事关系。招聘范围要有国际视野，除聘用本校教师外，还可以通过研究生兼任助教、返聘高级专家学者以及面向国内外高校、企业和科研机构等社会部门招聘优秀人才担任专职或兼职教师等途径，拓宽教师来源渠道，实行开放式的教师管理办法。全面真正地实行聘任制，还有赖于对教师职务晋升办法的彻底改革。

在美国，大学教师管理中存在着一条不成文的规定，那就是"非升即走"。助理教授升副教授、副教授升教授必须在一定年限内完成；如果在一定年限内无法晋升，将被解聘。事实上，当教师看到自己晋升无望时，一般不到规定年限就会主动辞职，另谋他就。"非升即走"的教师职务管理办法无疑值得我国高校借鉴。如果我国高校中的教师能与所在学校彼此达成这样一个共识，就能破除教师对学校的完全依附关系，就能够强有力地保证高校在用人上的选择权和教师的个人自主权，并借此使教师队伍流动起来，在流动中建立良性的淘汰机制和教师队伍整体优化机制。

以上两种途径是高校在师资队伍建设中应采取或建立的途径，没有健康、稳定和宽阔的师资队伍建设的途径，就难以保证师资队伍建设的水平。

（三）高校师资队伍管理的方法

1. 优化师资队伍结构、提高队伍整体素质的系统方法

在知识经济时代，知识更新速度显著加快，每位教师都面临着知识更新和不断提高知识水平的问题。教师素质和水平提高的问题需要有好的途径，更需要有好的方法。

师资水平提高的主要方法有脱产进修提高法，进站（博士后流动站）工作提高法，在职自修提高法，国外留学访问提高法，社会实践提高法，实验室工作提高法，科研工作提高法和学术会议、学术交流提高法等。教师整体素质的提高应该是系统方法的综合运用，而不能仅仅依赖一两种方法。

以信息技术为背景的现代教育技术改变了教育的组织形式和方法，也改变了学生的学习方式与方法，使获取信息的渠道多元化。在这样的条件下，高校教师必须实现工作角色的转变与素质的系统提高。首先，要由教学型教师向研究型教师转变。在现代教育技术条件下，教师必须不断学习、研究和应用现代技术。其次，要由信息资源的利用者向课程信息的设计者和开发者转变。教师不仅要传达普通教材上的知识信息，而且要学习和掌握多媒体技术和网络技术，为学生自主学习设计开发各种教学课件。最后，要由教学者向学者和学习者转变。教师只有先做学习者，不断地更新知识、观念和提高职业道德修养，以学习者的态度不断丰富自己，才能使自己具有知识渊博的学者风范，也才可能成为具有创造性、开拓性和较高研究能力的教学者。

2. 引进师资队伍管理的先进理念与现代方法

应更新观念，树立"以教师为本，以专家教授为本中之本"的新理念，引进现代师资管理的科学理念与现代方法。变教师管理为知识管理，变人事管理为岗位管理，变档案管理为信息管理，变管理为建设，变控制为服务。同时，还要把国外现代企业制度中先进的人力资源管理的方法引进来，从考核、评聘到学术梯队建设与管理全部实行动态的信息化的科学的管理方法。改革和完善各种管理制度，使师资管理随意性减少。通过管理和服务，激励青年教师岗位成才、通过管理和服务提高师资的整体素质与水平。

高校办学的根本目的是培养高素质创造型人才，而培养高素质创造型人才又要依靠学术精湛、治学严谨的优秀教师。在所有的教育资源中，优秀教师是最重要的资源。原清华大学校长梅贻琦有一句名言："所谓大学者，非谓有大楼之谓也，有大师之谓也。"以教师为本，本立而道生。高校教育、科研体制的改革，人事管理制度的改革，必须有利于高素质创造型优秀人才的培养，有利于学科建设，有利于学科的交叉、融合、渗透和新兴学科

的生长与发展，有利于科学技术的发展和学术水平、创造能力的不断提高，有利于学校资源的优化配置。总之，以教师为本，就是要充分调动和发挥全体教师的积极性，激发他们的创造性，为学校的改革、发展和提高作出贡献。

3. 引入竞争机制，采取激励与淘汰相结合的管理方法

竞争与开放是市场经济的重要原则，也是当前我国高校师资队伍建设中必须引进的重要机制。美国是世界高等教育的超级大国，也是高校教师最多和管理最成功的国家。它成功的重要经验就是成功地运用了竞争的机制。美国高校师资管理之所以能成功地运用竞争机制与其具有有利于竞争的社会环境是分不开的，主要体现在以下几个方面。

（1）完善的市场经济制度为高等教育的竞争创造了社会经济和心理条件

一是建立了完善的生产要素市场，包括人才、技术和资金市场，实现了教育劳务的商品化，为高校间的人才竞争提供了条件；二是商品经济的观念和对市场的思考已渗透到了社会的各个领域，为高等教育竞争机制的建立和有效运行提供了社会心理基础。

（2）民主的政治制度为高等教育竞争提供了政治环境

美国在政体上实行"三权分立"制，没有一个绝对的权力中心，这就相应减少了国家政权对高等院校的束缚。美国政府与包括高等院校在内的其他社会机构之间只能通过自愿的契约关系来确定双方的权利和义务，这就切断了高等院校与政府之间的依附和依赖关系，为高等教育竞争提供了动力。

（3）崇尚平等、自由、奋斗和竞争的文化传统为高等教育竞争提供了社会文化氛围

19世纪美国前总统杰克逊倡导的"以机会代替特权，以竞争代替垄断"民主思想和英国哲学家、社会学家、教育家斯宾塞提出的社会达尔文主义在美国发展史上起过重大影响，"物竞天择""适者生存""优胜劣汰"是美国人的信条，这为美国高等教育竞争提供了社会文化氛围。

（4）健全的监督约束机制保证了高等教育竞争的公平与合理

首先，美国实现了有法可依。1642年，马萨诸塞州颁布了第一部教育法之后，一系列的教育法律法规相继出台，形成了比较完善的教育法律法规体系。其次，美国建立了比较完善、强而有力的司法系统，做到了有法必依。以美国教师的管理制度为例，美国实行教师聘任制，校方和受聘的教师以州法为主要依据签署雇佣合同，一旦发生争端，教师可以通过司法程序来解决。

（四）高校师资队伍知识管理的任务

以往对教师知识的管理所关注的是易于被转变为话语、被记录下来的和以手册和教科

书的方式等可以清晰表述的知识，将教师的知识管理仅仅理解为是对学校的图书资料的整理归类，这不符合现代知识管理观的要求，也不符合教师知识的个体性特征对知识管理的要求。当今社会进入知识社会，知识日益成为一个组织取得成功的核心推动力，在这样的背景下，组织所要面对的难题不再是怎样发现信息，而是如何管理信息，如何从众多的知识信息中清理出重要的知识，并创造性地加以利用。对高校师资队伍的管理，相当于对知识型组织的管理，所面对的知识管理问题既特殊又复杂。

1. 重视对教师的理论性显性知识进行整理、分类和条理化

教师的理论性显性知识包括学校和教师个人的藏书、著述、资料、文件等"硬件"。这是教师知识管理的基本任务，也是教师知识管理其他任务的基础。

2. 实现对教师知识的有效获取和积累

教师知识的动态性要求教师必须不断地去更新充实自己的知识，这就使得学校必须帮助和支持教师更新和充实自身的知识，以实现教师对知识的有效获取和积累。教师既要重视对既存的理论性显性知识的接受性学习，又要从外界环境中摄取准确、及时、有效的信息，包括查阅最新出版的相关书刊资料和互联网上发布的最新消息等，然后把所得到的初级信息加以筛选、梳理使之系统化、有序化。再结合自己在这方面已拥有的知识和经验做进一步的分析，使新旧知识自然地结合在一起。同时更要注意在学校文化环境下，在教学、科研实践中，在与学生及其他教师的交流中，建构自己的信息知识体系。

3. 实现教师显性知识和隐性知识的转化，借以创造知识和实现知识的有效增值

教师知识管理的核心任务是促进教师的知识创新，通过知识创新扩充学校的知识积累，促进教师的专业发展和学校的发展。而学校知识创新的实质就是显性知识和隐性知识之间相互作用而形成的知识的转化及其增值过程。按照日本学者野中和竹内的观点，显性知识和隐性知识可以通过四种方式转化：一是社会化，通过经验共享使个人的隐性知识转化为组织的隐性知识，得以使个体的隐性知识在组织内交流和分享；二是外在化，通过对话和反思，将隐性知识转化为显性知识，将意念转化为实在；三是联合化，通过沟通、扩散以及系统化将分离的显性知识聚合为系统和更为复杂的显性知识；四是内化，个体通过学习和体悟使公共显性知识转化为个体隐性知识。教师知识管理中知识的创造和增值正是通过这样一些方式实现的，积极促进这些转化的进行，有效地实现学校知识的创造和增值，正是教师知识管理的核心任务。

4. 促进教师知识的有效交流和分享，知识是通过交流、结合而发展的

科学总是在人类已经积累的知识基础上进一步发展的，这表明知识的生产需要跨时空的知识交流与结合；学生在学习显性知识的过程中发展了隐性知识，这表明显性知识与隐性知识的结合与交流产生了新的知识；在解决问题的过程中，科学技术知识与社会生产、生活知识的交流与结合导致了大量的产品与生产技术的发明，这表明显性知识与显性知识的交流与结合也促进了知识生产。总之，知识只有被人掌握，并且被人利用，才能产生新的知识。各种显性知识、隐性知识的交流与共享对知识生产十分重要。教师之间的共同协作是实现学校整体工作有效性的前提，而教师之间的知识交流与共享既是学校发展的前提，又是教师成长和学生成长的前提。积极促进和有效实现教师知识的交流和分享成为教师知识管理中不可或缺的任务。

（1）促进教师显性知识的交流与共享

发展信息网络，为显性知识的交流奠定现代化的物质基础。由于有现代信息技术可资运用，显性知识管理比较便利，显性知识可以转化为信息，以图书资料、论文、研究报告、电子文件之类的形式储存在图书馆、数据库、信息库中，供人们检索、查阅和利用。借助信息网络将高校内外的大型图书馆、数据库、信息库联结起来，还可以远距离检索、查阅和利用信息化的显性知识。我国正在建设和发展的高等教育信息网就已经将许多高校的图书馆、资料室联结在一起，当高校教师都在网上拥有自己的终端时，大学内外、国内外的显性知识的交流与共享就有了现实的物质基础。

完善知识产品的权益分配制度，促进知识的发现、转化和传播。论文、专著、专利等是教师知识生产的重要产品。对尚处于保护期内的著作权、专利权等加以开发，往往会带来巨大的经济利益。这类发明创造具有潜在的商业用途，但其本身还不是商品。必须让使用者获得和使用，才能实现商品化、产业化，从而将潜在的商业价值转化为现实的商业价值。这类显性知识的交流与共享是在市场体制中实现的，有偿使用是基本原则。这就涉及发明者、资助者、院校及公司企业等诸方面的利益。只有在利益的分配对上述各方都具有激励作用时，才能顺利实现交流与共享。

（2）促进隐性知识的交流与共享

隐性知识在知识生产中是不可或缺的，但它难以编码的特点阻碍着交流与共享，可能成为知识生产的瓶颈。高校教师知识管理只能知难而进，最大限度地促进隐性知识的交流与共享。隐性知识难以编码，主要保存在学者、专家的头脑中，随学者、专家的移动而移动，如果缺乏管理，还可能因学者、专家的逝世而消失。

隐性知识能为高校的科研、教学和应用开发作出多大的贡献，取决于拥有隐性知识的学者、专家的意愿，取决于他们对与他人交流和共享知识的态度，取决于他们的工作积极性，取决于他们对高校的知识生产目标的认同程度。为了促进隐性知识的交流与共享，在大学管理中应重视人的因素，建立有效的管理方式，激励教师主动工作，对具有奉献精神并奉献了知识的教师给予合理的回报。由于知识生产是非标准化的、创造性的生产，对高校教师的工作最有评价能力的只能是高校教师。这就使从外部控制学者、专家的努力收不到预期的效果。这种外部控制失灵是由知识生产者与管理者在信息上的不对称所决定的。因而，有效的管理方式不是命令、规范、要求他们如何工作，而是激励他们主动工作。激励因素存在于体制、组织和文化中。大学要努力促进信息资料、图书资料和学术的共享和交流，保证教师能及时了解有关研究的最新进展和发展趋势；提供给教师先进的仪器设备、良好的生活条件等；在学校管理中，减少中间管理层，加强决策层与操作层之间的信息沟通，让教师在知识生产活动中有更大的发言权、决策权等。同时要营造良好的学术气氛，特别是要克服急功近利、好逸恶劳的习气，形成对研究工作执着、热忱并全心投入的气氛；克服在学术讨论中谁也不愿冒犯谁同时谁也不服谁的习俗，形成平心静气讨论学术问题的气氛等。

知识管理中很重要的一个任务是要识别学者、专家拥有哪些隐性知识以及这些隐性知识对学校的教学、科研、社会服务有何意义，并提高这些知识的交流水平和共享程度。以激励为原则的人事管理、师资管理可以提高教师们交流和共享知识的意愿，但知识管理还必须探索隐性知识交流的具体途径、方法、手段等。如面对面的交流、学术辩论会、课题讨论会、专家咨询会、研讨式教学辩论，师徒式的学习，信息网上的交流与咨询等，这些形式都能在一定程度上促进隐性知识的交流与共享。

三、"双师型"教师的培养

(一)"双师型"教师的内涵

由于对"双师型"概念的解读和内涵把握，不同专家学者站在不同的视角，对"双师型"教师这一全新的概念进行界定，但是在学术界还未能取得统一的概念界定。具体可以包括几个方面的观点。

一是"双职称"学说。持有这一观点的学者提出"双师型"教师要达到两个条件：第一，要是讲师或者是教授，同时还需要成为工程师或者是高级工程师，也就是"双师型"教师本身的特殊性就在于不只是配有教师职称，同时还需要配有非教师职称。"双职称"学说是"双师型"教师提出的最初含义，"双师型"的名称也就表示了具有教师和工程师等两种职称。

二是"双素质"说，也称为"双能"说。支持此观点的学者认为"双师型"教师不只是要具备教师的专业知识和能力，同时也需要具备工程师、技师等其他职称的素养和相关的能力。另外，"双师型"教师也不只是教师的能力素养和工程师的素质直接进行相加，而是考虑把专业的知识和技能全面贯通，通过自己将教材转化为学生们能够理解的知识和相关的语言，让学生能够获得相对简单的信息，能够在较快的时间里学习到一些相关的知识和技能。上述这种观点主要是全面体现出"双师型"教师作为"双师"的能力和素质的整体特点和基本效用。

三是"双证"说。赞同这一观点的学者认为，专业技术教师只要是具有专业技术职务任职资格证书或者是相关的职业资格等级证书，如同时要求有教师资格和工程师资格证书等。这种观点无法了解到教师是否真正具有相应的职业水准或者是技术水平。教师所取得的职称，包括工程系列职称、教师系列职称等相关职称。职业资格指的是教师取得由劳动和社会保障部门、行业、企业等其他工作单位颁发的资格证书或者是相关的技能证书。其最大的优势就是容易进行审核，审查时不需要进行其他方面能力的测试，而只需要教师把相关的证书出示，就能够判断其是否为"双师型"教师。

四是"叠加"说。支持这一观点的学者全面地把"双证"说和"双能"两种学说的观点进行了综合，认为"双师型"教师不只是需要持有"双证"，同时还应该明确具有"双证"所要求的一些基本技能："双证"是"双师型"教师的基本补充形式，"双能"是"双师型"教师的基本内容和相关的内涵。如今，高等职业教育人才培养评估和相关的指标体系对"双师型"教师的界定就是对上述观点的基本体现，即双师素质教师指的是同时具有教师资格，而且还是校内专任教师或者是在校外兼课的相关工作人员：（1）具有本专业中级或者是高级的职业资格（含持有行业特许的资格证书或者是具有专业资格或者是技能的考评人员），同时其在近五年主持或主要参与过校内实践教学或者是用于检验技术水平提升的安装设计工作，并且取得了良好的利用效果，在省内同类的院校中保持了领先地位：（2）近五年中有两年以上（可累计计算）在企业的具有基层实践工作经历，能全面为学生们参与实践活动提供有效指导：（3）近五年主持（或主要参与）过一些关于应用技术的研究工作，而且其成果已经得到了一些企业采用，并取得良好成效。这种观点，不仅是强调了教师必须持有能够证明自身水平和能力的证书，还需要在技术应用或者是教学实践方面进行大量的研究，表明自己在这一技术领域具有一定的能力。

五是"双层次"说。赞同这一观点的学者认为"双师型"教师需要通过理论上进行专业知识的传授，同时也能够在学生的技能上提供相关的指导，并为学生们形成正确的人生观、价值观指明前进的方向，培养他们的职业道德能力。所谓双层次也就是具备第一层次或者是第二层次能力的素质教师。

六是"一证一职"说。认同这一观点的学者认为对于校内教师，"双师型"教师要求既具有教师职称，同时又具有其他职业资格证书的教师。而对于校外的或者是兼职教师，则要求具有教师资格证书，同时也具有其他非教师系列高级专业技术职称或者是其他职称。

（二）制订"双师型"教师队伍建设整体规划

1. 国家做好教师队伍建设的顶层设计

当前，国家对地方本科院校转型的转型思路、转型任务、转型阶段等方面进行了规定和明确，但对新建地方本科院校转型的关键——教师队伍转型的顶层设计不够。国家作为地方本科院校转型发展的主导者要做好顶层设计，将建立一支技艺精湛、结构科学、相对稳定的"双师型"教师队伍作为地方本科院校教师队伍转型的重要目标，对教师队伍的转型目标、转型思路、转型方法以及转型保障等方面予以明确。

国家要出台相应的鼓励政策和优惠措施鼓励地方政府、企业和学校积极参与转型。一方面，对积极推进教师队伍转型的学校给予肯定和表彰，并给予相应的鼓励和优惠，对地方本科院校转型的目标和前景进行整体规划和安排；另一方面，对教师队伍转型提供政策支持和经费保障。

国家还要加强准入制度设计和监管。在确定转型试点高校时，要防止个别高校不是以转型为发展目标，仅以转型为途径套取政策红利的现象。对于通过国家审核的地方本科院校，要和地方政府、教育部门联合监管转型学校是否把培养应用技术型人才作为目标，是否重视教师队伍转型。通过准入制度设计和监管，引导转型的地方本科院校重视教师队伍转型，切实培养应用型人才。

2. 高校"双师型"教师队伍建设的对策

（1）转变理念，合理规划"双师型"教师

地方本科高校在未来的转型方向就是成为应用型大学，这也是我国经济发展和转型的必然趋势，是坚持了职业技术教育发展规律而取得的经验，是在对我国和国外办学模式进行对比而得到的总结。应用技术型大学是面向就业与生活的教育，是与普通大学并行、以专业教育作为主要的教育形式，是高等教育体系中十分关键的力量。对于高校而言，其主要的功能就是进行人才培养，并且实施技术研发，为地方经济发展和就业提供服务，并让

人们终身受益。我国地方本科大学的转型和发展，并不是把一些单项的改革措施进行相加，也不是对校名进行调整，而是全面系统的改革。若要促进高校实质性与创新性的改革，则必须把握并明确高校的发展目标和标准。实现这一目标，国家和政府有关部门都需共同努力，广大人民群众全面参与，同时也需要发挥地方本科高校的工作积极性。而观念的转变、定位的明确都是实现地方本科院校自我发展的根本表现，同时也是促进高校转型的重要因素，是优化师资队伍结构的前提。

一是要不断地转变办学理念。地方本科高校要对传统的办学思路和基本理念进行调整，对当前的高等教育重新进行全面审视，摒弃高校发展长期以来追求的"高大上"规模，和对职业教育的排斥观念，要对应用技术大学和转型发展的重要性和必要性有高度的重视。所以为了使地方高校的转型能够更好地服务于社会大众与社会进步，我们要积极做好对人才培养道路的建设，充分利用产学研相结合的有效路径，优化基础理论、建立专业宽口径以及让人才培养和社会接轨；将理论知识与实践操作技能培养相结合，将教学观念逐步导向创新精神、能力和操作实践能力的培养；以学生为主，教师为主导，加强对学生独立性和终身学习的教育管理。随着培养方式和教学模式的转型，以往的照本宣科已无法再为学校和学生提高成效，与此同时也意味着教师的评价导向、考核内容与方式都要做出相应调整与改变。全面地发挥政府调控和市场机制的功能，并全面地推进需求变革，并为人才强校发展战略进行科学规划，增强教师转型发展，更有效地促进教师的专业实践操作技能提升，对于高校转型具有重要意义。

二是要明晰应用型本科定位。实践操作技术层面的提升是应用型人才培养的重要前提，因为相比普通本科，应用型本科更注重对实际问题的实践操作能力。因而高校转型，在提高教师素质教育的同时，还要对其采取相应有效的手段，对办学定位和人才培养目标要增强理解，在得到普遍认可的基础上，要紧密联系地方本科院校及转型教师的实际情况，借鉴已有的外国办学经验及其对"双师型"教师的认定和培养方式，加强"双师型"师资队伍的建设。

要与企业展开深度密切合作，加大校企合作领域和增加与其他相关人员之间的合作机会，促进地方高校对学科进行合理定位、突出其未来发展特色，拓宽其发展规模等，打造与政府、企业、高校三方培养，全力打造产教结合、研学互融、协同发展。

促进地方本科高校"双师型"教师的转型并不是短时间内能够解决的，并且需要政府、学校和教师三方合作，还要经历一个"双师型"教师操作实践锻炼和培训的必要阶段。高校应结合自身的实际情况，寻求一条适合本校"双师型"教师的有效培养路径。学校在教师理论教学能力和实践技能方面，不仅要制订符合且可行的培养计划，还要对各项培养指标进行明晰，然后对其进行严格实施。具体地说，高校应制定适合本校"双师型"教师培养培训的长期目标和短期目标，再划分为分项任务，分配到每个学院和各个教师。从内容看，建立专业的"双师型"教师测评体系系统，明确专业教师发展方向，考核方式要针对教师发展的各个方面。从培训形式看，全面促进岗前培训和在职培养相结合，脱产进修和在职学习相结合，系统长期培训和短期培训相结合，学历培训和提高培训相结合，安排教师有计划、系统地利用假期和业余时间进行师资培训，并系统地提高他们在不同类型、层次和专业方面的培训。总之，应该制订一个合理的全面计划来培训转型教师，并有计划和有组织地逐步更新他们的专业知识和实践技能，以提高他们的学术水平，从而促进地方高校"双师型"教师队伍建设。

（2）拓展"双师型"教师队伍渠道、优化师资结构

一是要不断地拓展师资引入渠道。培养具有较强的专业能力和动手能力的人才队伍、同时又具有一定的专业能力和实践能力的应用型人才，这需要通过把高校的专业教师和社会人才资源结合才能促成。为了能够达到对应用性人才培养的基本需求，学校要取消重学历和职称而不关注能力的做法，坚持以解决实际问题为中心，提出科学的人才选择标准，应着眼于为技术提出标准规范，同时也制定行业规范，摆脱以往落后的思想和相关理念，积极地为促进教师全面发展营造良好的外部环境，不断地进行师资渠道的拓展。在人才引入工作中，要更好地促进专业标准与职业资格标准的契合度，与经济社会发展的新态势相结合，努力建设一支有理想、有责任，丰富的知识、经验和高水平实践技能水平的"双师型"教师队伍。在德国，对"双师型"教师资格的要求，是建立在高度专业化形象的基础上的，因此对其进行资格审查的要求相对较高，而且国家明确要求"双师型"教师师资报考者的从业人员要具有一年或者是一年以上的工作年限，也可以是取得教育部统一颁发的教育技术员资格证书。该项证书要求大学毕业要通过国家级的第一次考试，再进行一年半或者是更长时间的教育实习，然后再次通过国家考试，考试通过者才能取得相关的资格证书。日本在进行"双师型"教师培养时，其课程存在着明显的特色，建立了四年制长期课程和为期半年的短期课程。长期课程是对具有一定的理论知识，教学能力和专业技能教师进行培养，而六个月短期课程是专门为一些需要取得专业技能和实践经验的人员准备的，参加学习者则要求通过国家二级技能考试，有三年以上的实践经验，或者取得了同等水平。美国也开始推行"职业技术教育教师证书制"，职业教育师资本人要取得本科学历，而且还需要取得学位，并在和本专业有关的企业具有一年的实践经验。韩国政府则对职业教育教师资格证书体制限制得更加严格，具体可以划分为三个等级，每个等级都有具体的认定标准，因此具有较强的规范性和可操作性。

二是要对师资结构进行优化。应用型人才的培养，其核心要素就是对教师结构的有效建立。首先要优化学历结构。因为具有较高的素质和实践操作能力的教师对应用型人才培养具有很大的影响，这些素质和能力具体可以涵盖专业理论素质、科学文化素质、思科研能力等，所以对"双师型"教师的要求在不断提高，无论理论教学，还者是实践教学，都对教师们的思想道德修养和科研教学能力提出了要求。其次要对职称结构进行优化。"双师型"教师是把理论和实践教学融入一体，不仅要求教师具有一定的理论水平，同时也要求他们具有相对熟练的教学能力，这就对"双师型"教师队伍的职称结构提出了明确的规定：必须在后续工作中提高"双师型"教师的比例，要求师资队伍的整体教学和科研能力相对较高，即教师队伍要保持合理的职称结构。最后要求对他们的年龄结构进行优化。应用型人才要求培养出一支具有一定的创造能力的人才和熟练操作技术的中年和青年教师专业团队，他们不只是要对工作保持热情，身心健康，而且思维开放等，同时对科研充满热情。因此，强化对青年教师的培养，引进年轻高素质人才队伍，是现在地方高校亟须解决的问题，以满足应用型人才培养的总体要求。

（3）强化培训"双师型"教师专业技能

要将校内外的实践教学资源进行合理的整合和优化。实施委托培养的模式，将教师分批次安排到一些相关的企业中去实习和锻炼，或让科技特派员参与到一些国际项目的研发和合作中，提高教师实操技能，推进专业与课程建设和教学改革；引进在相关行业中有着丰富经验和高水平学术研究的专家与技术人员担任相应的教师，促进行业企业人员为教师进行技能的传授，建立学校与企业之间的合作桥梁，组建的同时具备理论与实践技能的教师团队。为了当今企业不断发展的多样化需求，满足专业教师理论知识与实践技能相联系的需要，学校应有针对性地组织各专业教师进入社会的各行各业中，丰富自身的社会经验，增加专业知识，提高自身专业的实践能力。学校可以在寒暑假期间让专业教师进入相关行业的企业单位，通过以上多种形式使他们及时掌握行业的第一手情况，了解行业的现状与发展趋势，更好地把自己的理论知识与实践结合，提高自身素质。学校还可以通过实施相关规定来提高专业教师的"双师"素质，如规定在评定职称和职务时需要到相关行业企业中1~2年的实践经验，另外，还可以将专业教师分派到对口的培训基地进行专门的学习培训，并对获得相关专业技能证书的教师进行奖励，以此来激励教师们不断充实自己的经验和知识，掌握相关技能，增强自身能力。职业教师在德国是一种终身职业。职业教师在德国一定要接受过高等教育，并且从事教育工作五年以上，获得国家认定的职业资格证书，且熟练运用教育学与心理科学，才能被确定为终身的职业教师。德国职业学校的教师可以划分为理论课教师、普通教育课教师和专业实践课教师等。前两类教师要求在国家认证的大学接受教育并顺利通过国家考试。而专业实践课教师需要通过国家的考试之后进行 2~3 年的实践，也就是去相关行业企业进行实习，往往更多的教师还需通过第二次国家考试后才能正式上岗成为职业学校的专业实践课教师。

要建立和完善对青年教师的培养路径。学校要组织实践和职业资格等方面的培训，引导青年教师能够对自身未来的职业生涯进行科学规划，加快推进转型，使青年教师完成课程、方向与成长上的定位；多举办一些教学公开课、知识技能竞赛、学术沙龙等其他的活动，提高教师的教学和职业能力；推进青年教师岗前专业培训机制，增加青年教师的外出研修与职业锻炼经历，并与职称的评定挂钩。学校可以每学期选派专业骨干教师和优秀中青年教师前往一些优秀的大学进行技术交流和学习，并不断地提升本校教师队伍的综合素质。

要让学生和老师共同去行业企业的一线学习，使产学研更好地融合。学校可以利用假期时间带有明确目标地分批次地让老师与学生进入行业企业，通过上岗实操等多种形式进行锻炼，提高自身的经验和技能，丰富自身的专业知识。学校也可以从行业企业等用人单位，将那些具备丰富的专业知识与经验技能的专家请进学校，与学生老师展开亲密互动，把理论知识与实践技能紧密结合，在向学生传授理论知与技能知识的同时，也对在岗的专业教师进行了相关培训，为学生和老师的实践经验累积与创新创业提供更多途径与综合服务，推进"双师型"师资队伍的培养与建设，不断更新老师的知识理论体系和学生的学习观念，使师生掌握更多的专业实践技能，实现"双师型"师资队伍引进与培养的充分结合。

（4）构建多元"双师型"教师建评价激励机制

要完善教师评价与激励机制，促进教师主动发展。从根本上解决地方本科高校"双师型"教师发展的问题，只有构建发展性高校"双师型"教师评价体系才能实现，因此，要对资格认证，高校管理和人才培养等各个方面进行完善。明确"双师型"教师培养内容、范围、渠道等，是完善"双师型"教师培养培训最主要的实施办法。对教师评价进行改革，首先就是要对教师进行分类管理，才能使教师主动向"双师型"方向发展；制定"双师型"教师的职业和相关资格认定，明确"双师型"教师数量比例和培训的标准要求，启动相关的资格认定工作，在职称评聘、评优评先等各个方面要向教师倾斜。要为教师的培训提供专项经费，与企事业单位共进行校企合作培养"双师型"教师，建立"双师型"教师教学和具体的实践基地，实施"两进、一培、一参与"等相关制度，并建立相关的职业教育培训基地。充分采用多种培训手段，调动所有相关人员的积极性，让他们对高校转型发展积极认同，并进行实践教学工作，以稳定和把教学队伍壮大。

　　要构建教师评价激励相结合的工作机制，激发教师的创造性。在管理学中，激励本身就是一个相对较为重要的概念，主要是指激发人的动机，使得人们能够按照相应的要求前进，并且最终能够达到目标的心理活动过程。激励也就是把主体的主动性积极发挥起来的过程。在现代教育理论中，激发教师的基本动机以及如何把教师的积极性调动好，都是当前的重要课题。地方本科高校在培养一些应用型人才的过程中，也需要考虑调动教师们的积极性。教学质量的提升能够对应用型人才的培养发挥重要作用，所以，在实际工作中，要求对"双师型"教师进行分类管理，同时科学地设计"教学型、科研型、教改型、教学+科研型"等各种不同类型的教师管理体系，建立适应应用型人才培养模式的变革，调动教师的工作热情，并合理地对薪资进行分配。教学水平、教师参与基层实践训练等都可以作为激励教学的重要指标，把一年以上行业企业实践经历作为其专业技术和相关能力的晋升依据。完善各类奖教基金管理办法，奖励在实践教学，或者是科研等其他方面取得较大贡献的教师，对赴国（境）外应用技术大学进修的教师提供经费支持，最终形成全校都争当双师型教师的文化环境。

第六章　高校行政管理机制与后勤管理机制的构建

第一节　教育信息化背景下高校行政管理机制的构建

信息化的管理工作相比传统的管理工作最大的优势就是效率的极大提高，其舍弃了传统管理方式所需要的层级关系，充分利用信息化的扁平优势，最大化地减少了层级关系，提高了行政管理中的运行效率。教育信息化背景下，构建高校行政管理机制的路径如下。

一、提高思想认识，不断提高信息技术的利用率

计算机应用软件、网络平台是一种管理思想和管理方式的载体，利用信息技术来创新和规范学校管理方式，不能被看作是单纯的技术问题。我们应当转变观念，将管理与技术联系起来，使日积月累的、成功的管理思想和管理方式凝聚在管理应用系统之中，这个系统实际上也就是管理思想和管理方式的结晶。任何一个应用软件或者网络平台，都绝不是现有工作程序的简单复制。在信息技术的应用过程中，首先应当提高思想认识，将科学、合理的管理行为和程序固化到信息技术中，根据新形势和新要求不断进行技术改进和创新。

信息化的办公系统对一部分领导和机关工作人员来说，是一个全新的事物。他们可能更习惯于原有的人工传送信息方式，有的甚至会对信息技术产生抵触情绪。要使大家能够适应新型的办公方式，需要一个较长的过程。这就需要高校领导层积极地宣传与动员，有必要根据不同的要求，对全校的行政管理人员进行培训，使行政管理人员都能掌握操作方法以适应现代化管理手段，从而提高信息技术的利用率。

二、因地制宜，从成本与效益的角度出发，进行整体规划

高等教育走向信息化、现代化是历史的必然。网络信息化已成为高校自身发展尤其是

行政管理的必然需要，信息技术在全校的实施是一项非常复杂的过程，涉及面广，信息量多，工作难度大，不但涉及管理体制、机构设置和管理方法等方面的变动，还需要考虑报表格式、数据分类及编码统一等问题，这些都是涉及学校全局的问题，只靠几个管理人员或专业人员是难以解决的。在人力、财力、设备及场地的调配上，需要领导亲自进行协调，出面解决各部门之间的关系。所以，要由学校主要领导亲自参加，坚持集中控制，集中开发。如果没有学校领导的参与，无论是在系统规划的制订，还是实际执行的过程中都会遇到许多不可克服的困难。

从成本与效益的角度来看，管理系统可以分解为一系列相互关联的子系统。如果一所学校内各个子系统都各自为政地任意开发，各自有自己的程序和数据，项目之间各搞各的，不但会造成工作相互重复，还会造成技术成本浪费与效益低下。学校的信息化建设的发展规划应当成为学校教育发展总体规划的一个组成部分，要遵循"统一规划、分期建设、逐步实施"的原则，从学校的实际情况出发，决定应用需求及分期目标，确定和实施具有自己特色的信息化建设方案。

三、统一标准以集成系统

统一标准是互联互通、信息共享、业务协同的基础。电子校务系统是一个内含多种应用系统的集成体系，由于各应用系统在应用范围、构建方式、数据资源等方面存在一定差异，对整个电子校务平稳运行存在较大影响。在信息技术的建设过程中应按照教育部颁布的《教育行政部门管理信息标准》统一规划和组织，依托现有资源和信息化工作的基础，坚持自主制定与采用标准相结合，实行自上而下的设计方案，上级规划为下级提供参考，下级规划在上级规划的基础上根据本校的特色进行规划。适时推出与电子校务相适应的标准体系，建立健全各类办公自动化系统、业务处理系统、公文流转处理系统、公众服务系统等，实现高校内部的教学管理、人力资源、校务管理等系统间的共享和数据交换，为用户提供统一的访问界面，为高校的教学、科研与社会服务创造最优的解决方案，实现提高大学运作效率和加强高校核心竞争力的目的。

准确而全面的数据是领导进行决策的重要依据，利用它可以找出问题，开创未来，推动高校不断向前发展。现代数据库，尤其是数据仓库、数据挖掘和联机分析处理技术为充分利用历史数据提供了有效地解决途径。对历史数据的整理及资源的整合可以得到科学、合理的信息，可以使基于经验的决策向理性决策转变，使领导清楚地了解学校工作哪些方面做得好，哪些方面还存在不足，从而明确今后的奋斗方向，以制定正确的策略和措施。针对现有的繁杂并且数量庞大的网络资源，有必要进行整理和分类，最终建立针对教学、科研、管理等不同内容的、具备强大搜索功能的门户网站，使广大师生以及高校行政管理人员能够通过简单操作即能获得相关信息与服务。同时还要以数据镜像的方式，建立全球教育资源吸收系统，通过互联网对一些高质量的图书馆、专业数据库建立镜像，为广大师生提供更加专业、更加前瞻的教学、科研、管理等方面的资料。此外，信息资源只有走向联合，才是生存的出路。在信息资源共享过程中，要坚持探索创新，构建信息资源管理系统。打破各部门条块分割的现状，选择那些有必要且有价值的信息资源进行共享，否则只能造成共享水平的整体下降。共享部门应制定明确的指导思想，把信息资源共享作为一项综合性的发展工程，制订详细的共享规划，鼓励大家积极系统地进行开发和整理，使共享资源具有可获取性。在信息资源的开发、传播及使用过程中，应注重个性化服务，使信息资源人性化，把印刷型的信息资源数字化，把内容稀少、简单、枯燥的信息资源逐步丰富、个性、实用化，把以提供学习拓展知识为主的信息资源转向以培养创新能力及满足人们的多方面需求的信息资源，提供原创性更高、质量更高、数量更多、成本更低的信息资源。

四、按管理职能来规划，提高管理人员的使用信息技术的能力

每个高校的行政管理部门不下数十个，所有这些部门的工作都是围绕教学、科研、学生和人事、财务、设备、生产、后勤等几个大方面的管理过程来进行的。机构设置可以分分合合、增增减减，各部门的职能也可以变化，但是学校内这几大类基本工作不会变。因此在应用信息技术时，可以按学校的几大类管理职能来进行规划，以减少不必要的重复，增强各子系统之间关系的相互协调和一体化，使资源分配能够得到更有效的管理控制。

信息技术的实施和应用是一项较复杂的系统工程，必须进行充分细致的调查，进行缜密的分析，不断完善系统功能，以保证办公自动化系统的顺利实施。

在系统实施开发的过程中应注意与系统操作人员的沟通，以避免实施过程中出现原则性问题，不得不"推倒重来"的事情发生。信息技术的使用者是用户，一般而言，它是用来为管理者提供全面的、具体的工作详情，并具有执行、控制和辅助决策功能的一种综合性的人机系统。即它既能为一个单位处理事务，也能为一个单位的管理提供决策支持。这里要强调的有两点：一是以计算机为基础；二是网络管理的建立既是一项技术性工作，又是一项行政性工作。"人"是该系统中的重要因素，因为只有通过人的活动才能获得有用的结果。用户凭借工作经验与工作需求，在使用信息化办公的过程中，可以对信息技术的实施提出具有针对性的需求，使技术切实与管理活动相融合。结合管理人员提供的业务知识可以减少技术开发与运用过程中系统的交接问题，设计一个好用、实用的计算机网络应

用系统。另外，信息技术可以通过数字模拟产生理论最优的高校行政管理流程，但只有在高校行政管理人员的实践与检验中才能够得以证实。它的开发可能会影响到现行的管理方法的变更，涉及学校内部机制的调整和人员的变化。为了使这项工作产生实际效果，得到人们的普遍承认和更多支持，应该在管理干部中培养一大批熟练的技术人员，建立一支包括学校领导及各业务部门负责人在内的各类人员组成的操作使用队伍。因此，要根据不同要求，对现有的行政管理人员进行培训，以使大家都能掌握操作方法，提高整体的计算机应用水平。在其基础上建设一支具有系统分析能力的骨干队伍，以推动管理信息系统工作的不断完善。

五、协调管理并加强培训

为了使行政管理跟上形势的变化，要加强管理工作人员的技术再培训。要让他们掌握技术，尤其是培养一种信息管理的意识，让他们从不愿、不习惯到觉得方便好用，最后主动适应信息技术的发展并将信息技术用于管理中。

电子校务不仅必须由学校的"一把手"直接领导，学校还要成立专门的电子校务工作小组，建立一支具有较高信息化素养、技术水平高、协调能力和服务能力强的管理队伍，以建立健全电子校务通畅运行的管理制度，如日常管理制度、安全制度等，促进电子校务管理的规范化、科学化。切实做到规范管理、协调管理，保证电子校务有序、健康发展。在电子校务建设的过程中，教育和培训是不可缺少的。首先，应对高层领导进行培训，使他们真正了解什么是电子校务、能发挥什么作用、会遇到什么风险、如何管理等。这样他们才能做出正确的成本估算，保证资金投入，监督实施计划的进行，协调各部门的矛盾，推进项目的发展。其次，学校应对全校的机关工作人员进行培训，特别是一些关键岗位，如办公室主任、各业务模块管理员等。必要时，可采取特殊优惠政策，积极吸引、招揽信息化人才，并增强他们利用信息技术的信心，发挥他们的积极性，为师生提供方便快捷的信息技术服务，发挥电子校务的最大社会效益。

六、从自身实际情况出发，分层次实施信息技术规划

在网络技术应用的过程中，由于人们认识上的差异，以及各高校自身条件的不同，管理信息化建设很难一步到位，因此，各高校可根据自身的实际，立足长远，先易后难，循序渐进，分步实施。一定要从学校的实际情况出发，根据需要和可能，充分利用现有条件，因地制宜，由简到繁，注重实效，逐步扩展；要从学校财力的承受能力出发，以信息技术应用的客观需要作为标准，避免造成不必要的浪费，充分发挥信息技术的效能。比如

图书馆，最初应用信息技术的目标就是对图书进行有效管理，由于需求单一，大可不必在网络配置等方面要求过高。电子校务建设是一项高投入的工程，在其建设之初，应做一些可行性分析报告，无论资金雄厚还是资金紧张的高校，都应该注重资金投入的使用效率，注重设备的实用性。

七、加大制度建设，为信息技术的利用提供强有力的支撑

随着信息技术在高校行政管理各个方面的不断普及和应用，各种相关的规章制度也需要加以建立和完善，以保证信息技术实施的目的顺利实现，所以，工作人员必须接受和使用信息技术，而且在使用的过程中必须坚持制度管理，制定有关的使用、授权、录入、保密等制度。例如可制定《关于基于网络的电子文件处理规定的实施办法》《关于取消纸质信息、部分纸质文件和文件归档的实施办法》等。

高校行政管理信息化重在建设，贵在应用。应当转变观念、营造环境。信息化建设并非少数管理人员之事，要靠全体教师和学生的关心和参与。由于大多数基本信息的传递需要管理人员的参与，因此，高校行政管理人员应当转变观念，改变传统的处理、传递信息的方式与习惯，树立起现代网络意识，努力提高个人素质。总之，高校在信息化建设的过程中要有意识地营造一个人人会用、乐于用现代信息技术进行管理和学习的大环境。

第二节　教育信息化背景下高校后勤管理机制的构建

一、高校后勤管理信息化的定义与模式

（一）高校后勤管理信息化的定义

在国内外文献中，对高校后勤管理信息化的描述没有一个完整的说法。本书在分析、比较众多的文献之后，结合国内一些企业和部分高校实施信息化建设的过程，将后勤管理信息化定义为：在后勤保障过程中，后勤管理部门在管理、经营与服务等各个领域、各个环节广泛应用和深度开发信息技术、信息资源与信息系统，以此不断提高管理、服务、决策的效率和水平，逐步实现后勤系统运行的全面自动化，进而全面提高后勤保障的服务与管理水平的一个全方位变革和发展的活动。

从以上定义不难看出，高校后勤管理信息化具有以下几个方面的含义：

（1）从技术手段看，后勤管理信息化就是将现代信息技术，包括微电子技术、计算机技术和网络通信技术等应用到后勤的日常管理与服务之中，利用信息技术来改造和提升自己的管理水平和服务质量的全过程。

（2）从作用对象看，与传统的信息资源开发和利用方式不同，后勤管理信息化是后勤管理部门以现代信息技术为手段和工具对信息资源的组织、开发和利用。信息与资本、劳动和土地一样，是经济活动中一项重要的战略资源，有效开发、利用信息资源已经成为后勤管理信息化的中心内容。

（3）从驱动机制看，后勤管理信息化是由上至下，由管理者发起，以提高后勤管理部门的服务、管理和决策的效率和水平为目的的。它是一个动态的发展过程，其动因是管理者发现服务过程中存在需要信息化技术解决的问题，其驱动力是后勤经营实体的服务质量及经济考核指标。

（4）从演化过程看，后勤管理信息化是一个不断适应广大服务对象需求，不断紧跟信息化技术的发展，不断提高服务管理水平、效率和效益的动态发展过程。后勤管理信息化不是一朝一夕所能完成的，而是随着技术的发展、后勤管理部门认知的成长及后勤管理服务要求的不断变化，逐渐演化和深化的，没有最好，只有更好。

（5）从系统角度看，后勤管理信息化是一项复杂的系统工程。它既涉及各种信息化技术在后勤管理服务中的应用，也受制于高校后勤管理的人力、物力和财力。更重要的是，后勤管理信息化需要对高校后勤组织机构及现有业务流程进行再造，打破现有平衡，适应信息化的需求，可见，高水平后勤管理信息化建设困难重重。

（二）高校后勤管理信息化的模式

1. 高校后勤信息化组织的基本模式

信息化自身就是一个宽泛的概念，在不同的领域有着不一样的意义。如果在企业当中，即为企业的信息化；在政府当中，为电子政务；放在高校后勤中，为后勤信息化。可以看出，信息有个性的地方，同时也有共性的地方。主要表现为：①信息化的主体不论是政府、企业还是高校，都是某类型的组织要借助信息技术的手段，以提高其核心能力。②信息系统的应用都要有一定的基础设施作为支撑。在信息化的过程中，基础设施建设是必需的过程。

2. 高校后勤信息化基本模式的特性

高校后勤信息化除提供生活服务上的功能外，还承担了一定的教育方面的功能。其信息化主要体现在三个方面：①后勤管理决策的智能化、网络化。②实体社区的自我管理和虚拟社区的组织管理。③商务活动的电子化。高校后勤信息化的建设过程，既要考虑到信息化建设的共同点，又要围绕后勤特有的管理、社区建设和商务活动三个方面展开。

二、高校后勤信息化建设的重要意义

高校后勤信息化是指在高校后勤管理、后勤服务的各个层次和各个方面，采用先进的计算机、通信、互联网等信息化技术和产品，充分整合和广泛利用学校内外的信息资源，提高管理和服务水平的过程，是高校管理现代化的手段之一，有着重要的现实意义。

（一）能实现后勤管理的全面创新

传统后勤管理采用纸质的管理模式，但实际管理过程中信息容量过大，档案信息过于庞杂，可能会导致部分数据失真与传递不及时的情况，不利于数据体系的搭建与管理实时决策。信息化管理技术可为工作人员提供规范化的管理目标，统计、整理现有的管理技术及管理要求，并在数据库空间中对现有的数据进行存储，提升管理工作的规范性。同时，在信息化技术落实中，教师也应在实际管理中融入创新发展意识，采用更新的 IPv6 及 5G 网络技术进行数据诊断工作，进而创造后勤管理的管理价值。

（二）可提高后勤管理的工作效率与质量

1. 办公效率大大提高

分散在不同校区的各个部门上报和待审批文件均可以在自己的计算机上完成，做到了审批流程网络化。以往各个部门需要审批的文件都要约见自己的主管领导，如果不是一个领导需要审批就要约见多位领导，领导不在就要等，既耽误时间又耽误工作。在实现信息化管理的学校中，逐级等待审批的问题已经得到彻底解决。将需要审批的文件逐级或同时转给多级或多个部门审阅，大大提高了效率，并可以做到适时提醒。无论是在外地开会还是在家中可以随时审阅。而且任何一台计算机或笔记本电脑都可以用于办公，不论是谁的机器，只要有 windows 操作系统就可以使用。处理急事、要事、突发事件就更为方便。领导对工作检查和分派将不用事必躬亲，而是在自己的计算机上就可以看到下属的工作完成情况，并可以给予指导。

2. 后勤管理工作质量得到提高

信息化管理可远程对现有的后台数据及档案信息进行调研及整理工作，通过合理的管理方法设立现代化的服务平台。这一平台可在完善远程规划、统筹高校的财务报表、人力资源管理动态、暖通工程情况、学生住宿情况、校园安全及绿化管理的过程中发现当前后勤管理方面的问题，也能促使高校后勤管理工作者积极与其他高校进行信息交换，确立更合适的管理方法及管理内容。后勤管理部门需确定满意度较高的服务模式，在后勤管理过程中确立高质量的管理形式，有利于创造和谐的高校氛围。从宏观的角度来讲，信息化管理可以辅助工作人员进行社会决策工作，可不断发掘出现有的操作问题，同时要求工作人员开展审批工作，以便更快速地解决传统后勤管理方面存在的问题。同时，网络也提升了信息的传递及传播效率，可减少传统操作过程中的人工失误，工作人员也可利用移动平台（PC 端、智能手机）查询管理进程，进而消除空间因素对后勤管理的限制。

（三）有利于凸显社会化的管理成果

社会化管理过程中，高校后勤管理人员需利用科学的思想观，将社会化思想融入实际后勤管理中，特别是需要强调社会化与后勤管理之间的关系，重视利益、规划、质量方面的协调发展，提升整体后勤管理的质量。另外，管理人员还可对根据大数据所呈现的信息进行改革。在推动管理的持续发展过程中，也能提升后勤管理的应变速度，进而巩固现有管理内容的核心质量，体现现代管理的本质。

（四）有利于完善高校后勤部门的绩效考核工作

管理部门需要在绩效管理工作的过程中利用较为全面的数据信息进行考核，以便为高校提供优质的后勤服务模式。在实际管理过程中，管理人员要根据现有的平台数据进行统计与分析，制定短期、中期、长期的考核目标，循序渐进，逐步达到总体战略目标。同时，要重视对各部门职责的落实，明确后勤部门的考核要求及考核内容，有利于提升整体考核的质量。另外，信息化管理也能避免传统管理过程中工作人员感情用事、经验判断、数据遗漏及录入错误等情况，尤其是可利用完整的量化指标对后勤部门工作人员的工作能力进行考核，以便提高整体考核项目及内容的科学性，消除管理职责不合理、落实困难等问题。

（五）有利于提升管理数据的精准度

信息化管理所涉及的项目及内容均以数字、逻辑性较强的文字展现，尤其是工作人员可根据不同深度的文字内容及信息内容进行整合，以便更为科学、有效地绘制数据报表内容。例如在分析学生寝室情况的过程中，工作人员可在远程终端分析各寝室的学生成员分配情况、用水用电情况、空调设备使用情况等方面内容，以便更快速地发现学生寝室的管理问题。

（六）对数据统计的周期大大缩短

以前，各部门上报数据统计的时间较长，有时不够准确、不够标准，手工统计的差错率和效率较低等问题非常明显。有些是由当事人缺岗而造成的延误问题。这就会导致整体工作效率降低，决策时对问题的判断反应就会"迟钝"。现在，通过各点信息采集，系统可以自动完成统计工作，对不同数据的分析处理自动生成相关报表，且标准、规范、统一。

三、教育信息化背景下高校后勤管理机制构建路径

现代高校的后勤管理，是整个高校建设过程中非常重要的环节。近年来高校后勤管理的信息化建设正在不断地发展，为了满足现代社会的发展要求，提升高校发展实力，需高效融合信息化技术，不断对后勤管理机制进行完善，在促进信息技术与后勤管理有效融合的基础上，提高高校的竞争实力，促进高校的未来发展。

（一）运用现代管理理念推进高校后勤信息化建设

树立科学的信息化理念是实现高校后勤管理信息化建设的首要任务。正确树立高校后勤信息化观念至关重要，任何机制创新、模式创新，都取决于观念、理念的更新。

1. 树立以服务为本的理念

（1）重视信息化建设中员工的信息素养能力

随着高校后勤信息化管理平台等的完善，信息化建设要更加重视员工的信息素养、技术水平，以便后勤员工能更好地开展服务工作。在信息社会，每个人最起码要具有六种信息素养能力：获取信息能力、处理信息能力、存储信息能力、传输信息能力、应用信息能力和创新信息能力。同时，信息素养作为一种高级的认知技能，同批判性思维、解决问题的能力一起，构成了信息时代的社会成员进行知识创新和学会如何学习的必备基础。正因为它是信息社会中每个人赖以生存、生活、学习的基本素养，所以被喻为"进入信息社会的通行证"。

依照高校数字化校园环境下一个完整的信息行为过程或工作任务的解决过程，在信息传播的各个环节对行政人员的意识、知识和技能等方面提出要求，就构成高校后勤行政人员信息素养的完整内涵。

从整体上来说，现在高校后勤信息技术培训毫无疑问地成为高校后勤信息化建设和应用的重要内容之一。

一是建立和完善职工专业技能培训制度。积极为信息化管理人员提供培训机会，创造"充电"条件，促进管理人员自我优化知识结构，不断提高管理人员的基本素质和技术水平，使管理人员具备网络设计、管理和维护的能力；具有对网络交换机、路由器、防火墙、Web 服务器、DNS 服务器、E-mail 服务器、代理服务器等设备的配置和维护能力；具有网站设计的能力。高校后勤可以充分发挥高校的优势，可以聘请一些计算机方面的教师对员工进行基本技能的培训和指导，首先要熟练地掌握办公软件的应用，如 Word、Excel 等；在此基础上学习管理软件的使用和操作如绿化管理系统、水电收费管理系统。同时，可以定期组织员工去校外参加专业的管理软件的培训学习，可以根据不同岗位的需要、员工的能力进行不同类型和不同级别的信息技术培训。加强相近地区高校后勤部门之间的合作交流，提高员工的专业技术水平。

二是建立各种形式的学习制度。努力提高信息化管理人员的管理技能和协调能力。可以采取专题研讨、经验交流、参观学习等形式使管理人员尽快掌握先进的管理技术和管理方法。可以制定相关的管理奖惩制度，刺激员工平时自己要主动学习，满足岗位的需要。例如，广州某高校后勤评聘专业技术职务的必要条件之一就有信息化技术使用情况。

（2）转变被动的服务模式，始终树立"以师生为中心"的服务意识

高校后勤信息化归根结底是为师生提供更好服务的一种工具，是为提高服务质量、管理效率一种手段。高校的后勤管理服务工作，是围绕教学、科研、师生展开工作的，服务质量的好坏、满意度的高低都将对师生的情绪形成一定的影响。作为后勤管理服务人员必须牢固树立"服务至上"的理念，始终树立"以师生为中心"的服务意识，将教育与引导员工确立"主动为师生服务，提升信息化管理水平"作为基点，主动提供更加便利快捷的服务，积极转变服务意识。从高校后勤管理层开始，将信息化管理理念传达给每一位员工，让其积极转变理念，确立认真做事的理念，大力支持信息化管理，形成主动参与到信息化管理的氛围，这样才会使高校后勤信息化建设更有价值。例如开设短信平台，将会议通知、预警通知、政策宣传、安全提示、人员调度、节日祝福等管理信息指令通过平台以短信（彩信）为媒介传达到指定群体，起到通知、备忘作用，随时展现后勤集团最新动态。

2. 树立精细化管理的理念

对高校后勤来说，没有激动人心的事发生，说明管理处于正常控制之中，而这只有通过每天、每个瞬间严格地对细节加以控制才有可能实现，管理从粗放走向精细非常重要。

精细化管理这个新兴的管理理念，得到了广大管理工作者的广泛运用。精细化管理就是要做到"五精四细"，"五精"即精华、精髓、精品、精通、精密；"四细"即细分市场和客户、细分组织的职能和岗位、细分每一个战略决策目标、细化组织的各项制度。高校后勤推行精细化管理，是以规章制度为依据，在分析各项工作特点的基础上，根据各自实际情况，以提高管理效益为目的，选择工作流程中的关键点进行控制，运用现代管理模式和高新技术成果对整个管理流程加以细化与优化，以便于对管理对象实施精准细致的管理。高校后勤精确管理的思路如下：（1）在日常工作中，自上至下将精细化的理念目标、方法贯彻到每一位员工身上，让每一名员工都参与到实施信息化管理活动中，对每一个员工的岗位工作流程确定一个合适标准，在工作效果上达到最优化。（2）在工作中落实责任制。为了克服高校后勤职能结构中岗位定位不清，部门间工作出现重复、推脱现象，应将具体岗位职能结构进行责任化设置，力争将职责界定明晰、彻底，将精细化组织结构管理落到实处，将组织结构具体到人、设置到位。（3）信息化管理手段的优势。为更好地提高管理效率和管理规范化，将信息技术引入后勤管理系统，对后勤管理对象进行定量分析和量化管理，推动后勤管理的发展。针对后勤工作过程中存在的随意性这个突出问题，可以使用信息技术来改善。首先建立后勤各个下属部门的沟通渠道，在此基础上完善精细化管理的组织结构，形成分级监管、网络监控的有效模式，达到高效、节约和规范的管理目标，为后勤管理决策科学化提供了强有力的技术支撑。如建立办公室管理信息系统，有关部门可以第一时间上传、汇报日常办公文件及相关信息，而上级部门亦可以及时审批、总结相关工作，提高整体管理效率。（4）信息化管理便于高校后勤管理正规化。后勤规范性是指后勤各项工作都要达到一个标准化程度，具体来说，就是指导后勤组织成员行为的方针政策、规章制度、工作程序等的标准化程度。高校后勤管理正规化表现为用规章制度规范后勤服务的行为，将责任予以明确、具体化，充分落实责任。

在注重标准、规范的基础上，管理方式制度化、工作方式标准化，保持良好的工作秩序，实现全过程的精细化管理。

3. 建立知识型后勤，实现管理的持续改进和提升

伴随着信息化和知识经济的兴起，知识逐渐成为企业发展的重要资源，如何更加有效地创造和利用知识，成为信息时代高校后勤必须思考的问题。知识管理理念正是在这一大背景下逐渐形成的，知识的积累、共享、利用、创新所秉持的管理理念就是知识管理理念。高校后勤的知识管理，就是以后勤具体工作知识为基础，进行核心管理，是对后勤管理和服务所需要使用到的知识及其识别、获取、整理、创新、开发等一系列过程的管理，来实现显性知识和隐性知识的流动共享。同时，也是为了满足后勤部门现有和未来的需

要，使之能够有效地提升自身的应变能力与创新能力，对后勤管理涉及的各种知识有效地进行管理。

（1）知识型后勤的概念

知识型后勤是以后勤信息系统为基础，以知识资源为媒介，为员工的学习创造良好的环境，为员工创新和积累知识开辟有效的途径，为后勤系统的知识应用提供有力的手段。高校后勤信息化平台使知识的传输和共享更为简单，为后勤构建核心知识系统平台提供技术支持。有了这一传输平台，整个工作流程成果都可以很快地进行汇总、整合，后勤部门就可以利用这些资源，从而产生新的知识以促进发展。这一切都为知识管理理念的实施创造了极为便利的条件。

（2）实现高校后勤中知识管理的途径

①要让管理层明白：知识创新是知识管理的关键

创新精神的文化内涵在后勤实体中主要体现为不断学习、追求卓越和权变。知识管理是一种由全员共同实施的管理模式，要将后勤实体打造成学习型组织，将其作为一种理念让每个员工接受。需要与人本管理理念结合起来，创造一种鼓励学习、鼓励知识的交流与共享、崇尚创新的文化氛围。只有后勤的全体员工自觉接受这一理念，才能自觉自愿地去领会、把握和利用它，只有这样，知识管理才能真正成为后勤部门的工作利器。在以知识员工为本的基础上，充分利用信息技术，实现知识的积累、共享、利用、创新以及扩散，通过提高集体的创新能力，来巩固和加强后勤部门的发展。

②建立高校后勤知识库平台

后勤管理者必须要营造一种环境氛围，让员工能够积极地开发与利用后勤的知识资源去进行创新。后勤部门信息化建设可以为知识共享提供网络平台支持，后勤部门可以在网上平台建立自己的知识库，把这些知识系统的、分门别类地进行整理，用来实现部门内部的交流和共享。员工可以从中获得所需要的信息和知识，也可以将新知识放在平台上与其他员工共享。

知识库是企业知识管理系统的基础组成部分，根据美国管理领域的著名教授达文波特的观点，组织的知识管理系统由四个部分组成，分别是知识库、知识通道、知识环境和知识资产。

知识库用来将与组织平常运作相关的各类信息进行结构化处理，转变为知识，然后保存起来，使这些知识可以成为共享资源。数据库技术为建立知识库提供了基本的技术支持，它用于整理、储存、检索、归类组织中的各种文件资料，并按照一定的规则进行排列，以便于其他系统使用。

目前，高校后勤集团的服务内容主要涵盖物业、公寓、水电、环卫、绿化、餐饮、医疗和交通等多个行业，涉及管理学、运筹学、公共关系学等管理知识，以及园林规划、电气、水暖等技术知识。知识的共享对于知识管理是相当重要的，后勤部门要让知识在部门中流动起来，实现共享，只有把个人或小团体的知识转变为总的知识，才有可能创造出新的知识。

建立高校后勤知识库的途径有：第一，规范各种资料。将各种合同文本、技术规范、活动策划书、部门总结、报告等内部资料的电子版材料留存备用。第二，编制各种规范性的文件。例如《岗位说明书》《规章制度汇编》《员工手册》。要确保后勤内部的隐性知识向显性知识转化，从而改善知识利用的方式。第三，开展座谈会等形式，把问题公开讨论，并整理成电子文稿，成为员工内部的系统知识文件。

③加强师生知识管理

高校后勤对师生的关注多集中在需求、满意度等方面，却往往忽视师生资源中最重要的一个方面：师生拥有的知识。例如，广东金融学院后勤管理层定期与有丰富管理经验和知识的老师交流经验，充分听取专业的意见，利用他们的知识指导后勤工作。在后勤网站上搭建有效的互动平台，扩大与师生的互动交流范围，并同相关部门一起举办"公寓文化节""食堂优质服务月"等特色活动，主动让师生走进后勤，参与后勤服务质量的监督，取得了很好的效果。

④加大资金投入

知识管理是一种长效的管理，它的成功实施前提是要求资金的投入。一方面是通过收集、组合、整理信息和知识建立知识网络平台，创造新的知识，对员工进行教育培训等这些活动都需要投入大量的资金；另一方面把无序的隐性知识转化为有序的显性知识，使信息转为知识，必须结合技术人才等多方面的因素才能发挥作用，这就要以大量资金投入为前提。

（二）利用信息化技术，提升后勤管理的效能

1. 改善后勤的组织结构

（1）改善后勤组织结构的必要性

随着信息技术的发展，高校后勤的内外部环境发生了很大的变化，并对后勤部门的持续发展提出了更高的要求，这些都使等级制组织赖以生存的环境发生了根本的变化：师生的需求呈现多样化，处在一个快速、多变且不可预测的环境中。在这种情况下，等级制的组织结构便暴露出了许多问题：管理成本巨大，管理效率低下；信息在内部传递缺乏效

率；无法对复杂多变的外部环境做出迅捷的反应；束缚人的创造性；组织结构柔性不够，缺乏活力。仅仅将信息技术应用于传统的后勤部门组织结构中显然是不可能达到预期目的的，必须同时对传统的组织结构进行变革，以实现信息管理系统与组织结构的良性互动。这是因为信息技术的应用使后勤部门的诸多方面发生了变化，从而要求后勤部门改变传统组织结构以适应这种变化。

美国学者吉尔布雷斯曾精辟地指出，组织形式变化的目的是降低信息处理难度和增加信息处理能力，信息技术是网络式组织结构的最大诱因。在传统组织形式下，信息从金字塔顶端顺次流向底部，等级分明，管理层次多，造成信息沟通时间长，信息传递失真，后勤传统组织形式很难适应信息化的需求。

在现代信息技术的推动下，信息可以在不同层次上传递和共享，这样交流与传输的职能就可以由信息技术来实现，从而减少层次以及上层和基层之间沟通的节点。网络信息技术的广泛应用，支持了对传统金字塔形科层组织结构进行的改革。高校后勤网络组织结构，是对现有的金字塔形科层组织结构进行优化而创新的新型网络组织。从总体上来讲，这是一种信息化的有机式组织管理系统，在这种结构中，是以信息共享、重视横向联系与协调、权力分散、自我约束和民主参与为基本特征，通过人本管理形成共同的价值观，构成有机网络结构，满足后勤提高竞争力、实现信息化的需求。

网络结构组织创建与运行的基本前提是网络信息技术的应用。人们在网络信息技术的基础上，将重新界定分工原理和跨度理论，形成以任务为分工、以流程为导向的一种新型的集成化、信息化组织。

（2）网络结构组织的基本特征

①信息结构向网络化、交互化方向发展

在网络化组织结构下，信息点之间的联系有三种，一是上下级的纵向联系，二是同级之间的横向联系，还有一种是不同等级层次的斜向联系。这三种联系构成了交互式的信息化方向。这种交互式的信息结构，可以使信息在跨层级、专业之间流动，克服了传统金字塔的组织结构之下信息在单一纵向结构中闭塞、传递迟缓等缺点，使信息的完整性和及时性得到很大的提高。

②组织动力结构向参与型转变

传统的组织动力结构侧重控制性，强调对组织成员的行为进行监控。而网络型组织的动力结构为参与型和自主型，让下层的组织成员尽可能地参与管理与决策，否定上级主观要求下级怎样做的做法，对组织成员的行为有目的地进行引导和支持，对行为后果进行评价，让下层组织成员能够建立责任感和使命感，激发他们的工作积极性。

③权力结构趋向更多的分权

在金字塔组织结构下，信息由下向上纵向传递，组织最顶层掌握信息最多、最全面，因此决策往往集中在上层。而在网络化组织下，信息结构呈现交互式，各个层面都可以共享所有相关信息，已不存在过去的信息上下不对称的问题。由于下层管理者与普通师生接触的机会更多，相对拥有更多的需求信息。因此，在网络组织结构下，下层管理者拥有更大的管理自主权，对于提高组织的效率和决策科学性具有重要意义，分权成为网络化组织的重要特征。

高校后勤需通过以信息作为主轴和中心结构，来加宽中间管理幅度，扩展职能，压缩或减少原来管理层次，允许内部组合多样化，以期充分调动各级管理人员和员工的主动性和创造性，提高对后勤实体环境的反应敏捷性。通过运用计算机网络（内部网、外部网和互联网），后勤部门可以实现跨校区、跨部门的同步信息交换，在获取、传递和使用信息资源方面，变得更加敏捷、开放和准确，大大提高了信息处理的准确性和有效性，最大限度地减少了随意性、主观性和不确定性，从而显著改善了决策质量。显然传统等级制结构的存在与计算机网络的使用是矛盾和冲突的。必须打破等级制组织结构，建立这种柔性、简洁、灵活、决策迅速的网络结构组织，这是对传统组织结构的变革和创新，也是后勤实体实施信息化管理的有效保证。

2. 优化信息化的工作流程

高校后勤部门的工作，大多是交叉或者平行的，需要部门间以及上下级之间的沟通与交流，但实际上，如果不使用后勤管理信息系统，是没有办法保证所有的工作流程并行的。"并行"流程是通过计算机网络的应用，通过信息处理，把工作流程和信息技术相融合，最大限度地实现信息实时共享基础上的集成管理。同时，把各个环节各职能部门共同整合到网络上，围绕共同的任务同时协调运作。"并行"流程可使各部门共同解决、协调作业流程出现的各种问题，因此组织必须与"并行"流程相适应。

①以学生、教师为中心

以师生为中心，从管理转向服务进行流程再造，这一根本性的转变是业务流程优化的本质所在。要做到这一点，管理流程中应首先考虑到教师和学生，尊重教师和学生的个体，更多地考虑人性关怀，实行人本管理。比如学生非常希望借助手机实现对各种服务方式的了解和业务的办理，业务流程上就一定要优化设计。

②流程优化必须以满足需求为目标

人员的组织和管理对任何后勤组织都是关键因素。改造后的新型组织基本构成是流程团队，这些专业人才除了具备现代知识，必须专注于教师、学生的利益，为部门带来所期望的效率。

③规范办事程序

要规范办事程序，制定一个明确有秩序的办事程序，不能因人而异，要保证没有人能随意地修改办事程序；要规定管理权限，对所有操作人员的岗位职责和业务管理范围、操作权限都要有严格的规定，谁能做什么、不能做什么，都要有明确权限，避免越权和相互扯皮的现象。比如，广东金融学院后勤部门通过制定和完善部门内部各岗位的规章制度，例如《岗位说明书》《作业指导书》《员工手册》等具有统一标准的文件，对每个岗位的工作流程、条件等加以规定，使工作标准化。

（三）建立健全高校后勤信息化管理制度

1. 制定信息化的管理制度

高校后勤信息化管理中的每一项具体工作，都需要通过规章制度来约束。信息管理制度是保障信息系统正常运行的规章制度。它通过规章化和内部法律化形式，来建立信息系统稳定、有效运行的运行机制。这些制度要以工作标准和工作流程为依据，要用科学规范将工作进行细分，制度要根据高校后勤信息化的不断发展进行修订和更新。在日常工作中，要做到定人、定岗、定责，无论是信息技术的应用、信息系统的开发，还是信息资源的共享，都需要制定切实可行的规章制度。

高校后勤在优化规章制度时应当注意以下几个问题：（1）将信息化的理念和现有的规章制度糅合起来，优化制度要从后勤信息化建设中的实际需要出发，以后勤的实际状况为基础，使各项制度在本质上与信息化理念保持一致。（2）现有的制度要根据信息化的理念进行适当的改变，要组织员工对现行的制度进行讨论，并且听取他们的反馈意见。优化制度要以加强科学管理，尊重人为中心，要有一定的宽松度，充分反映人性的特点。（3）通过高校后勤的信息化规划，随时获取信息化发展的动态走向，制度也要加以调整去适应信息化的发展走向，如果等外界环境条件发生了重大的变化才考虑进行制度调整，势必会十分地被动。（4）在优化制度时要注意制度的系统配套性，各种规程、办法、条例等都要构成内容上的一致性，要构成相互配套的制度体系。（5）为了便于全体员工遵守和参照执行，每一项制度应该力求详细具体，做到定人定岗，每一项工作都有章可循。要强化制度的执行监督和管理，避免制度成为原则性的口号，成为一纸空文。

2. 制定信息化建设的规范标准和总体规划

（1）制定信息化建设的规范标准

高校后勤信息化标准的体系结构包括信息基础设施的建设、信息技术应用、用户规范和信息应用等内容。

①技术类规范

主要是从保障信息系统正常运行的规范，一种是对于人员与岗位职责的规定，如"系统管理员职责""资源库管理员职责"等；另一种是关于运行维护技术的相关管理规定，如服务器管理的相关规范、安全检测规范、紧急事件响应规范、日志管理规范和补丁安装规范等内容。

②基础设施规范

基础设施包括计算机硬件系统（如服务器、客户端机器、电源等设备）、软件系统（如操作系统软件、数据库软件以及相关应用软件等）和网络基础设施等。在进行基础设施的建设时，以下几个问题需要加以考虑：可靠性、安全性和稳定性等指标能否满足信息化整体建设的需要；效率、速度和容量等性能是否适合长远发展的需求。

③应用软件系统的规范

应用软件系统的规范包括：系统应用与科学的管理体制相适应，并具有先进性；系统在数据设计时需要按照信息标准及应用规范进行；应用系统能够满足用户的需要，且功能要齐全；系统能够提供应用访问接口，实现其他应用系统集成，系统符合应用管理规范；系统具有通用性、扩展性、易操作等；系统建设的源程序和技术文件等资料应该齐全并规范。

④用户规范

除系统建设方面的规范外，系统用户素质是影响应用水平和效益的关键因素，因此，用户素质的提高是信息化建设的重要环节。

用户规范包括如下内容：加强对职工定期考核，不断提高信息技术水平；为了使用户熟练掌握新系统的功能操作，要求用户积极参加新系统的培训学习；为了确保信息资源共享，需及时维护数据的准确性和数据交换的可靠性；加强规章制度教育与学习，提高用户的系统安全、信息保密意识。

高校后勤信息建设的标准化要求是十分重要的，信息在采集、处理过程中由于存在信息量大、涉及面广及传递过程不规范等问题，容易出现信息的失真，需要一个标准化的平台去进行约束整合。在这个平台上，遵从统一的技术标准和规范，是实现信息资源共享和信息系统得到协同发展的基础。高校后勤在其信息化建设中，要根据部门的现状，切实不断落实各种信息化标准和规范，这样才能使信息资源得到合理流动和充分共享。

高校后勤制定标准应遵循的原则是：①要从宏观角度、全局利益出发；②使用要求必须得到充分满足；③能够促进科学技术向前发展。

高校后勤信息标准在遵循以上总体原则的同时，还要考虑以下一些原则：标准化。高校后勤信息标准尽量采用国家标准进行制定。实用性。标准要能够符合高校数字后勤建设的需要。开放性。标准要满足技术不断向前的发展。分步实施。标准应该边制定边实施，在实施过程中不断完善。

（2）明确总体规划，分步实施信息化建设

根据后勤部门的实际情况，结合行业信息化方面的实践以及对 IT 发展趋势的掌握，提出信息化愿景、目标和行动方案，全面系统地指导信息化进程。每年要根据后勤环境、发展和技术发展趋势等因素，对其进行调整和完善。制订信息化规划需要解决两个比较关键的问题：一是到底需要哪些信息化，二是各个信息系统如何互联互通，形成一个有机整体。组织中各个层次的管理者要想实施有效管理，必须做好规划工作，任何组织的管理活动都是从规划开始的，规划是其他管理活动的有效工具。美国信息系统阶段发展理论创始人诺兰曾对美国企业信息系统发展规律总结出"诺兰阶段模型"：企业信息系统是不能跨越式发展的，任何企业在发展信息化过程中，都必须遵循一定的顺序，即先必须是单元业务信息化，然后是业务流程信息化，在此基础上开发管理信息系统形成管理信息化，最后是形成一个 Intranet 与 Extranet 相结合的网络，使企业内部和企业之间可以通过网络进行信息沟通和业务合作。

后勤的信息化建设，也需要经过总体规划，明确后勤信息化建设的总体目标，以便广大干部职工对信息化建设工作有一个明确清晰的认识，通过分步实施计划，明确各个阶段应该做些什么，在各个阶段都要制订设备购置计划、人才引进计划、职工培训计划等。部门信息化规划制订者必须对部门信息化进行一次全面诊断，了解管理现状、整体人力资源素质、业务流程等。通过管理诊断找到管理中存在的问题及其原因，估计出信息化过程中可能遇到的阻力，以便提出切实可行的解决措施，建立合理的信息化管理组织。

3. 建立评估指标体系应遵循的原则

（1）科学性原则

高校后勤管理信息化建设的指标体系构建应该遵循科学的理论体系，参考最新的理论研究成果，准确、客观地反映高校后勤信息化工作的实际情况。指标体系既要全面、系统，又要避免重复。

（2）系统性原则

首先要考虑信息化评价指标平面上和立体空间上的交叉联系，确保系统的完整性；其次要在综合信息网络、信息技术应用、信息人才等因素的基础上，考虑到信息化系统的层次性。

（3）适用性原则

高校后勤信息化指标体系要根据高校自身的特色和实际情况，挑选有代表性、能反映出的指标，以高校信息化指标为依托来构建。

（4）可操作性原则

指标含义清楚。对于每一个具体指标要简便实用、便于收集和运用计算机进行汇总和整理。一方面，全面完成评估任务要尽可能少用指标，方便数据的收集和处理；另一方面是具体指标必要性的确定，还要考虑这一指标的数据可能性，以配合现有的统计数据，充分利用现有的统计数据，准确、及时地收集信息数据。

（5）拓展性原则

高校后勤信息化评价指标体系的建立要具有扩展性，在时间、内容上都可以进一步扩大，以适应高校不断变化的需求。

（四）建立完善的高校后勤管理信息系统

1. 高校建立后勤信息化管理系统的重要意义

（1）可以提高后勤管理的效率，降低各类风险

传统的后勤管理工作较为繁杂和耗时，原因是不同学院、不同部门、不同校区的后勤管理人员在进行业务办理时通常需要面对面进行工作对接，这一工作模式不仅效率低下，而且在涉及采购等业务的对接时不同部门还有可能产生经济纠纷。但是引入后勤信息化管理系统后，工作对接可以通过网络在线进行，这极大地减少了业务办理的时间。而且由于信息化下的后勤管理均有记录可查，所以该系统也极大地降低了工作对接中的各类风险。

（2）可以节约成本，减少高校负担

传统的后勤管理工作因为效率低下，所以需要大量的工作人员，但是在引入后勤信息化管理系统后，各类后勤管理工作被极大地简化，所以高校可以对后勤人员进行大幅度地精减，这在一定程度上降低了后勤管理的人力资源成本。此外，在传统的后勤管理中，不同工作人员在进行工作对接时需要打印、复印各种资料，不仅徒增工作流程而且还浪费了大量的纸张资源。在引入后勤信息化管理系统之后，各类纸张等其他隐性资源的使用会大大降低，在一定程度上缓解了高校预算的压力。

（3）可以完善对后勤工作人员的监督考核制度

在传统的后勤工作中，存在工作人员因特定业务工作周期太长而影响业绩考核的情况，比如工作人员将文件送至主管领导进行审批，但是可能会存在因为主管领导工作繁忙而大大延长文件审批的时间，这一可能出现的情况会对该员工的业绩造成一定影响。但是在引入后勤信息化管理系统之后，对员工和部门的考核监督由原来比较模糊的标准变为数字化考核，即一切工作进度都有数字化的记录，这样的监督考核制度更加科学，也更加人性化。

2. 后勤信息化管理系统设计与开发的原则

高校后勤管理工作主要有两个方面，一是给在校学生提供基本的生活和学习保障，二是给教职工提供基本的教学和科研保障。学校相关部门应当在立足基本原则的基础上，开发后勤信息化管理系统，力求使高校的后勤管理更加规范化、数字化、人性化。以下具体讨论系统开发应当遵循的基本原则。

（1）服务性原则

高校后勤信息化管理系统开发的出发点和落脚点都应当是为了便利广大师生的学习、工作和生活，所以该系统开发过程中最应当遵守的原则就是服务性原则。在服务性原则中，后勤管理系统首先应当处理好学生与教职工的关系，在同等条件下教职工服务优先级应当较高。后勤管理系统其次应当处理好经济效益与服务效益之间的关系，既不能一味地追求服务效益而忽略了经济效益，也不能一味地追求经济效益而弱化应有的服务质量。总之，在服务性原则中，系统开发人员应当做到各种关系的平衡，力求系统能够最大限度地提高服务质量。

（2）安全可靠性原则

后勤信息化管理系统的开发过程中应当通过多种措施保障其安全可靠，因为该系统中存储了学校所有学生以及教职工的基本资料以及各类隐秘信息，该类信息如果落入不法分子手中可能会对在校师生造成一定的威胁。所以在系统开发中，开发人员应当选择级别较高的安全防御系统，在保障系统平稳运行的基础上尽可能地提高系统安全可靠性。

（3）可扩展性原则

后勤管理系统的开发人员虽然在开发之初会对系统需求进行非常详尽的分析，但是随着时间的推移广大师生对后勤工作会不断地提出新的要求，所以后勤管理系统需要在一定的时间周期内进行更新，其中可能包括增加新的功能、改变原有界面等。

所以为了保障系统的可扩展性和实用性，开发人员应当采用模块化设计，以便后续的系统更新能够简便快捷地进行。同时，系统开发中应当留有各类接口，以供后续的信息共享使用。

3. 高校后勤管理信息系统的建设

高校的后勤管理要负责全校师生员工的吃、住、行、水、电等诸多方面，主要涉及十多项内容，工作量非常大，而且十分烦琐。随着我国高校后勤信息管理方式的变革，信息系统管理的实施已发展成为高等院校后勤经营管理发展的必经之路。

（1）后勤管理信息系统建设的途径与方法

后勤管理信息系统的建设是一项规模大、较复杂的系统工程，必须根据组织的实际情况采用行之有效的方法。

对于不同高校的后勤部门来说，后勤社会化程度、管理基础、资金情况等因素各有不同，建设后勤管理信息系统所采用的方式和方法也不相同。有效的系统规划，是任何高校后勤实施信息化都应遵循的原则，也是获得信息化建设成功的必要条件。

①后勤信息化系统建设的实施原则

第一，经济原则。指因实施信息化建设所发生的成本，不应超过因缺少信息化而丧失的收益。

第二，全员参加原则。指任何信息化运作都是建立在使用者的基础上的，只能由使用者或者有权决定这些活动的人来提出信息化建设的意见和建议，不能仅仅依靠外部开发商或者咨询机构来制订实施方案。信息化建设是全体职工的共同任务，只有通过全体职工协调一致的努力才能完成。

第三，循序渐进原则。指一方面要着眼于后勤的发展总目标与后勤信息化建设的总体目标，另一方面又要受后勤自身内外部环境、意识、人才等因素的制约。所以，后勤信息化建设首先必须要进行长远的整体规划，其次应该结合高校后勤的实际情况进行准确定位，并分阶段地逐步推进。

②后勤信息化系统建设的实施策略

高校后勤管理信息化建设的推进是一项耗资巨大、涉及的管理范围广、复杂的系统工程。

第一，统一地进行规划。高校后勤信息系统规划必须自上而下，从高层着手，统一领导，统一规划，系统地进行。首先，从部门的高层管理着手，考虑组织的目标、对象和策略，确定管理信息系统模型。其次，确定需要哪些功能保证目标的完成，从而划分相应的业务子系统，并进行具体分析设计。这样可以使系统开发人员和管理人员遵守相同的准则，避免因规划不统一、数据不一致，给后续开发工作带来困难和损失。

第二，选择合适的设备。根据系统分析的结果，选择系统所需设备。设备适合、实用即可，不必考虑太长远，更不能指望"一步到位"。

第三，考虑系统分析和开发的相关费用。系统分析和相关开发费用应占较大的比重。在后勤管理信息系统实施过程中，详细调查、系统分析、业务流程重组、系统开发等内容的资金投入一般应占到总投入的一半以上。要避免将大部分资金都投入软、硬件和网络设备的采购上的情况出现。如果系统开发中由于资金不足导致没有充分进行需求分析，不能合理进行流程重组，系统开发和运行维护费用得不到保障，就会导致信息化实施失败。

第四，借助服务不断深化、促进后勤信息化建设。为高校师生提供便利快速周到的服务是后勤信息化建设的主要目的。随着高校师生对高校后勤服务要求的不断深化，后勤信息管理系统中的各个模块在设计与开发时必须考虑与高校其他职能部门的连接，为高校师生提供实用、高效、便利的服务。

③后勤信息化系统建设的主要开发方式

高校规模不同，办学性质不同，其后勤管理的体制与模式也就不同，信息化建设的模式也就不同。在后勤发展的不同阶段，信息化建设的模式也有可能不同。从目前高校后勤的发展来看，后勤开展信息化一般有以下几种模式。

第一，自行开发方式。这种方式是由后勤管理部门依靠自身力量承担信息化建设的开发任务，后勤部门自己组建信息化队伍，购买硬件基础设施，自主地进行软件开发。这种开发方式的优点是针对性强，信息化队伍充分了解后勤部门的各项业务活动，开发出来的系统能够真实地反映后勤管理部门实际的业务要求，系统实施相对比较容易，且风险较小。缺点是大多数后勤管理部门缺乏高水平的专业开发人员，开发水平较低，导致开发周期长、生命周期短，系统整体得不到很好的优化，不能很好地解决管理中原有的落后、僵化、低效等管理问题。

第二，外包开发式。也称为委托开发方式，即后勤管理部门委托具有丰富开发经验和雄厚技术实力的软件开发公司、机构或者专业开发人员等进行后勤信息化建设。由受托方按照后勤部门的需求承担开发任务，提供系统的解决方案、所需设备及相关技术服务。这种开发方式的优点是能够保证系统采用比较高的技术水平进行开发，省时、省事。缺点是系统开发的费用比较高，而且由于受托方不熟悉后勤业务流程，会导致系统不能很好地满足后勤的需要。另外，由于后勤人员没有参与系统开发，系统维护和扩展必须由受托方完成，不利于后勤人员的培养。

第三，合作开发式。又称为联合开发方式。这种方式是后勤管理部门与具有丰富开发经验和雄厚技术实力的软件开发公司、机构或者专业开发人员进行合作，联合进行后勤信息化建设。后勤部门具有一定系统分析、系统设计和软件开发能力的人员与软件开发公司的技术人员组成联合开发队伍，共同合作完成后勤信息化建设。这种方式由软件公司人员提供技术，解决了后勤人员开发经验少、技术低下的问题，还可以通过合作开发，提高后勤部门的技术力量，有助于后勤人员维护系统的日常运转。同时，软件公司通过与后勤开发人员的交流，有助于他们对后勤业务流程的了解认识，保证开发出来的系统更适合后勤的需要。

第四，整体引进式。目前，有一些专业软件公司已经开发出一批使用方便、功能强大的通用管理信息系统软件。后勤部门可以选择一家这样的软件提供商提供相应的软件，同时选择一支具有丰富行业经验的项目实施队伍负责后勤信息化实施。由于商品软件经受了实际应用的考验，系统比较成熟，有较高的可靠性。一般来说，商品软件中蕴含了许多先进的管理思想和高效的业务流程，能帮助后勤部门优化和重组部门流程，提升后勤的管理水平。但是商品软件过于追求通用性，无法体现不同高校后勤部门的特殊性，导致系统适应性比较差，系统实施风险比较大，容易失败。

当然，后勤管理部门采用什么样的方式进行后勤信息化建设，要根据自己的实际情况，不可盲目跟风。在信息化建设的初级阶段，可以采用整体引进的方式，但当信息化建设发展到高级阶段，则最好采用合作或者外包的方式，更符合高校后勤实际，更有实效。

（2）高校后勤管理信息系统建设的主要内容

高校后勤管理信息系统建设的基本步骤包括基础网络建设、信息采集和数据库建设、应用软件开发。

①基础设施和网络建设

近年来，由于教育资源的整合以及高校扩大招生，大多数高校都经过了整合和扩充，有不少高校拥有多个校区。即使在一个校区内，由于规模的问题，后勤服务机构也可能分布在不同地方，如何实现统一管理是后勤管理中必须面对的问题。要解决这个问题，首先是解决信息传输和共享的问题。采用校园网作为信息传输和共享的基础平台是最佳的选择，但采用此平台还需要有诸多的考虑，主要包括：系统安全，即抵御黑客攻击和病毒侵害的功能；数据安全，即确保数据的完整性、可靠性、可用性和机密性；性能考虑，即在大规模校园网上如何保证系统的性能；集成考虑，即管理信息系统需要与一卡通系统、校园办公系统以及平安校园等系统进行集成。

②信息采集和数据库建设

高校后勤运行中大量采用新的技术设备和自动化及半自动化的操作系统，更多地表现出自动采集的特点。例如，供电系统的系统电压、电流和用电量，用户用电的预付费数据，供水系统的管道水压和用水量，学生食堂的计算机售饭数据，等等。这些运行信息基本上都是自动采集，在学校后勤管理信息系统实现信息资源共享。

后勤管理信息系统的核心是对后勤运行信息的处理，因此后勤信息的规范化和数据化，是后勤管理从定性到定量的根本转折，只有把过去定性的描述、不确定的和模糊信息变为计算机可直接处理的数字信息，才能进一步建设后勤管理数据库，然后才可谈及后勤管理信息系统。

4. 高校后勤信息资源库的建设

信息资源规划是信息化建设的基础。"信息资源"一词最早由罗尔科提出，"信息是一种资源"是信息系统的一个重要特征。关于信息资源的定义有两种，广义地说，信息资源包含信息技术、设备、从事信息工作的人力以及信息本身，所谓"信息需求管理"是指如何管理和优化配置这些资源；狭义地说，信息资源通常就是指信息本身，能够满足一定需求、可以产生某种效益的信息都可称为信息资源。清华大学是这样描述大学资源计划的：它利用接口规范建立统一的平台，将大学的各种信息资源与应用系统集成起来，有利于实现信息的共享和交换，为用户提供统一的访问界面，并为后续的信息系统设计和实施提供一个统一、规范化的要求。

高校可以以后勤部门为中心，将所属各单位的人员、物资、财务和信息等资源整合在一起，建立具有高校后勤特色的管理信息系统。在保障高校后勤服务管理特色的同时，参照高校的 ULRP 系统建设的理念，设计出 ULRP 系统。通过 ULRP 系统实现对高校后勤整个服务中的人、物、财的信息化管理，达到数据信息共享、实现数字化的管理控制，最终将后勤部门的信息流、工作流、资金流等统一在一起。

高校后勤信息资源是指高校后勤部门获取的各种具有利用价值的信息总和。高校后勤信息资源建设是依托于计算机网络，满足管理工作的实际需要，对信息资源进行合理规划，有效管理和充分开发利用。后勤资源计划主要是将信息和数据上传到建立的总服务数据库中，使得高校后勤的各种公共资源可以通过统一的信息化平台获取，比如人员情况、设备使用情况、各种资料文档等这些资源都可以统一调用。

加强高校后勤信息资源建设的基本方法有以下两种。

一是加强高校后勤信息资源建设规划。高校后勤要对师生、对资源的需求进行分析，要了解目前信息的资源情况，比较现有资源情况和师生需求资源情况，确定整体的目标，提出统一的信息资源建设标准。

二是实现对信息化文档的控制和管理。将工作报表、合同、部门财政预算等文档用统一的标准文档上传，并着重于操作权限的设置、机密文件的保密工作，保证后勤信息化文档体系的正常运行。

（五）高校要成立专门的信息化组织机构

高校要设立专门的信息化管理机构，负责信息化建设的日常事务。可以根据高校条件，成立由主管校长任组长，相关部门的领导以及计算机、数学等方面的专家为成员的学校信息化工作领导小组，负责信息化管理工作的计划、组织和检查，研究信息化管理面临的态势及其趋向，向分管领导提出建设性意见。要将后勤信息化建设纳入全校信息化建设规划中，统筹规划，分步实施。避免数据库的重复建设，实现各部门之间及后勤内部信息共享，将基础数据维护归属到相关部门进行统一维护，并重点建立健全后勤信息化目标考核管理机制。由于后勤工作事务繁杂，信息系统较多，容易造成信息孤岛，无法实现数据共享，在一定程度上阻碍管理效率的提升。信息化系统建设尤其更需要统筹规划，例如，将公寓管理系统纳入学校信息化规划中，可有效地实现教务部门、财务部门和公寓管理部门的合作，共享学生学籍信息、财务信息和住宿信息。以浙江树人大学学生公寓管理信息化建设的做法为例，公寓管理系统的功能包括住宿费缴纳管理、宿舍分配管理、宿舍门禁管理等，学生公寓信息化实现了与学校多个系统的对接。通过与学籍系统对接，管理人员可通过计算机查询到本公寓所有学生学籍、照片等基本信息；通过与学校的财务系统对接，可以查询学生住宿费缴纳情况。

可以成立后勤管理网络信息中心，负责校园网络的管理、升级、改造和再建设，校园网络核心基础服务系统的维护和管理，学校网站及相应校级网络应用系统的建设、网络培训、协助二级单位进行网站及信息化建设，并协助学校信息化工作领导小组进行正确决策等工作。基层信息部门应负责本单位网络的日常性维护、本单位信息的征集、整理以及本单位的信息化建设等工作。

高校后勤要积极配合高校信息化领导小组的工作，在管理上要做到以下两点：

第一，高校后勤部门可以设置专职或兼职的信息化管理员，其主要职责是：如实反映本部门信息化建设管理的情况和问题，及时反馈有关的动态信息，根据高校信息化建设的部署协助本部门领导者进行信息化管理。

第二，高层管理者要适当地将权力下放。由于处于网络化的组织下，信息化结构呈现交互式，下层管理者与普通师生接触的机会更多，相对拥有更多的基层信息。如果下层管理者可以拥有更大的管理自主权，对于提高组织的效率和决策的科学性具有重要意义。

参考文献

［1］周帆. 高校英语教育教学理论与实践研究［M］. 长春：吉林大学出版社，2017. 06.

［2］代静. 高校绘画、书法创作教育研究［M］. 北京：九州出版社，2017. 04.

［3］马建青. 高校心理健康教育与思想政治教育结合 30 年的研究［M］. 杭州：浙江大学出版社，2017. 12.

［4］杨晓阳. 新媒体背景下高校思想政治教育创新研究［M］. 延吉：延边大学出版社，2017. 01.

［5］尹新，杨平展. 融合与创新·高校教育信息化探索与实践［M］. 长沙：湖南科学技术出版社，2018. 12.

［6］孙宝国. 高校体育审美教育研究［M］. 长春：吉林美术出版社，2018. 06.

［7］高姗姗. 高校思想政治教育与文化融合研究［M］. 石家庄：河北人民出版社，2018. 01.

［8］林娟，杨晓阳，王悦. 高校学生思想政治教育与心理健康［M］. 长春：吉林文史出版社，2018. 05.

［9］何玉海. 高校教育评估标准·品质、属性、体系及其建设［M］. 上海：上海三联书店，2019. 06.

［10］丁兵. 当代高校教育管理研究［M］. 西安：西北工业大学出版社，2019. 05.

［11］郭晓雯. 高校教育教学管理创新发展研究［M］. 北京：北京工业大学出版社，2019. 11.

［12］梁延秋. 未来高校教育空间设计发展研究［M］. 成都：电子科技大学出版社，2019. 12.

［13］陈晔. 新时期高校教育管理实践研究［M］. 北京：现代出版社，2019. 10.

［14］钟亮. 现代高校教育之理性思考［M］. 长春：吉林人民出版社，2019. 12.

［15］施少芳，许书烟，王少卿. 传统文化精神对高校教育理念的影响分析［M］. 吉林出版集团股份有限公司，2019. 09.

[16] 张超. 高校计算机基础教育研究［M］. 青岛：中国海洋大学出版社，2019. 06.

[17] 韩震. 高校思想教育的理论叙事［M］. 北京：外语教学与研究出版社，2019. 08.

[18] 刘萍. 高校国际教育理论与实践［M］. 武汉：武汉大学出版社，2020. 09.

[19] 陈金平. 多媒体时代高校的思政教育研究［M］. 北京：北京工业大学出版社，2020. 04.

[20] 支岭. 高校信息素养教育体系构建研究［M］. 延吉：延边大学出版社，2020. 12.

[21] 刘小春. 高校网络思想政治教育引论［M］. 重庆：重庆大学出版社，2020. 05.

[22] 姚丹，孙洪波. 高校教育信息化管理与学生管理工作［M］. 北京：中国纺织出版社，2021. 11.

[23] 张露汀，杨锐，郑寿纬. 高校教育教学创新研究［M］. 长春：吉林人民出版社，2021. 07.

[24] 谢如欢. 民办高校教育创新与实践研究［M］. 长春：吉林人民出版社，2021. 05.

[25] 刘思延. 高校教育教学管理实践与创新发展［M］. 哈尔滨：哈尔滨出版社，2021. 05.

[26] 李晓雯. 高校教育管理的理论探索与探究［M］. 长春：吉林人民出版社，2021.

[27] 刘萍萍，何莹. 现代高校教育教学管理现状与创新发展［M］. 北京：中国原子能出版社，2021. 09.

[28] 卢保娣. 大数据时代高校教育管理及其信息化建设［M］. 长春：吉林大学出版社，2021. 08.

[29] 洪剑锋，屈先蓉，杨芳. 互联网时代下高校教育管理与评价创新［M］. 延吉：延边大学出版社，2021.

[30] 刘鑫军，孙亚东. 互联网时代高校教育管理模式改革与实践研究［M］. 长春：吉林人民出版社，2021. 10.

[31] 单林波. 高校教育管理体系构建研究［M］. 北京：首都师范大学出版社，2022. 10.

[32] 王重文. 高校教育纠纷司法审查研究［M］. 北京：知识产权出版社，2022. 06.

[33] 程宇欢. 高校教育供给侧改革与人才培养模式创新［M］. 北京：中国纺织出版社，2022. 04.

[34] 陈志军. "双一流"建设情境下上海高校教育职员管理创新［M］. 上海：立信会计出版社，2022. 02.

[35] 尹文芬. 高校网络舆情的教育引导方式研究［M］. 北京：九州出版社，2022. 03.

[36] 陈天文，姜立林，李敏. 高校网络安全教育与管理研究［M］. 延吉：延边大学出版